PASOS

a first course in

1

SPANISH

SECOND
EDITION

Rosa María Martín

Martyn Ellis

Hodder & Stoughton

A M[ ] UP

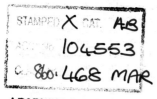
Orders: please contact Bookpoint Ltd, 130 Milton Park, Abingdon, Oxon OX14 4SB. Telephone:
(44) 01235 827720, Fax: (44) 01235 400454. Lines are open from 9.00–6.00, Monday to Saturday,
with a 24 hour message answering service. You can also order through our website:
www.hodderheadline.co.uk

British Library Cataloguing in Publication Data
A catalogue record for this title is available from The British Library

ISBN 0 340 78294 3

Second edition published 2001
Impression number   10 9 8 7 6 5
Year   2006 2005 2004 2003
Copyright © 2001 Rosa María Martín and Martyn Ellis

Cover illustration by Andrew Bylo
Typeset by Multiplex Techniques, St Mary Cray, Kent
Printed in Italy for Hodder & Stoughton Educational, a division of Hodder Headline, 338 Euston
Road, London NW1 3BH.

Acknowledgements

The authors would like to thank their daughters Isabel and Tessa and all those who helped with the collection of materials for this book and the recordings for the cassettes, especially the Martín and Yuste families. They would also like to thank their editors, Catriona Dawson, Shirley Baldwin and Sarah Boas for their work and support.

The authors and publishers would like to thank the following for permission to reproduce material in this volume:

Grupo ALSA for transport ticket; Barrabes for web page; *Bravo* for magazine extracts; *Cambio 16* for photos and article; Feria de Zaragoza for leaflet extract; Fisa-Escudo de Oro SA for the postcard of Morella; *Heraldo de Aragón* for their extracts; Hotel Tryp Dinamar for photos; Museo Pablo Gargallo for entry ticket; *Óptize* for web page; RENFE for advert, timetables and sample tickets; *El Semanal TV* for cuttings and programme guide extracts; sleepinspain.com for web page; *Telva* for magazine extracts; TP Teleprograma for the extract from *Teleprograma no.1220*; Transportes Urbanos de Zaragoza for tickets; Viaplus for web page; Y Swddfa Gymreig for the postcard of Raglan Castle, Gwent.

They would also like to acknowledge the following for use of their material:

Ama for article from *Ama no.698*; Casino Castillo de Perelada for brochure symbols; *Chica* for their article; *Ciudadano* for extract from Ciudadano no.156; Comercial Josan for postcard of Zaragoza; Damart for T-shirt advert; *Diario 16* for article; *Diez minutos* for article from Diez minutos no.1823; Diputación General de Aragón for brochure extracts; *Dunia* for 2 articles; Ediciones Sicilia for postcard of Pirineo Aragonés; *El País Semanal* for article extracts; Eltern Syndication for diagram from *Ser Padres*; Flunch for their menu; *Fotogramas* for extract and photo; *¡Hola¡* for article extract; Hostal Moli-Vell for postcard; Iberian Airways for advert for República Dominicana and extracts from *Iberiamérica* brochure; Intersport for brochure extract; *Interviu* for 2 biographies; *La Vanguardia* for article; Nescafé for coupons; Nueva Empresa for word game from *Nueva*; Oficina de Turismo, Puerto de la Cruz for extracts from tourist leaflet; *Panorama* for article

'24 horas con Corín Tellado'; Procomun Banamar for brochure extracts; Pantalla 3 for text extract and 4 adverts; *Pronto* for photos; Semana for biographies from *Semana no.2580*; Suntravel Ski for leaflet; *Suplemento Semanal* for articles; *Suplemento TV* for extracts; Técnicas Reunidas SA for advert; *Trueques* for adverts; Valle de Tena for leaflet of Formigal Ski Resort; Viva for article and cartoon; Zaragoza mes a mes for extract.

Every effort has been made to trace and acknowledge ownership of copyright. The publishers will be glad to make suitable arrangements with any copyright holders whom it has not been possible to contact.

Photo acknowledgements

The publishers would like to thank the following for the use of photographs in this book:

Action Plus: page 30 (2nd from right), 70 (top right). Aisa: page 6 (bottom left), 185 (middle). Associated Press: page 30 (2nd from left), 38 (right). Stuart Boreham: page 197 (top & bottom right). Cambio 16: page 38 (top). Cephas: page 156 (top right). Corbis: © Bill Varie page 6 (bottom middle); © S. Carmona 30 (far left); 30 (centre); © RNT Productions 40 (right); 70 (left); © Wartenberg 73 (top); © Owen Franken 73 (bottom), 117 (top); © Pablo Corral 99; © Ken Reading (126); © Gail Mooney 130 (left); 188 (top row); © Mitchell Gerber 225. Efe: page 6 (bottom right). Fotocorresponsales: page 13, 30 (far right), 38 (bottom left & centre), 70 (bottom right), 188 (bottom). Gillian Grebby: page 120 (top). Sally & Richard Greenhill: page 71 (right). Susan Griggs: page 185 (bottom). Andrew Lambert: page 170 (bottom). Life File/Emma Lee: page 85. Press Association: page 175 (bottom right). Spanish Tourist Office: page 156 (top & bottom left). Telegraph Colour Library/G. Buss: 175 (top left). Thomson Citybreaks: page 120 (middle, bottom). Wellcome Trust: page 193. H.Wiles: page 87 (bottom right). Zefa: page 6 (top right), 89.

Illustrations by Conny Jude, Willie Ryan, Andrew Warrington.

Contents

Introduction

Pasos is a two-stage Spanish course for adult learners who are either starting from scratch or who have a basic knowledge of the language.

Language learning is about confidence. Confidence in language learning is about understanding and responding to others using appropriate language in appropriate situations. In order to build this confidence, the learner needs the right kind of exposure to the right kind of language situations, the opportunity for relevant communicative practice, a sound knowledge of grammar and structure and a solid repertoire of vocabulary.

The *Pasos* approach is practical from the very beginning; a wide variety of authentic materials with graded tasks help present and practise the language required for effective communication. Clear examples and explanations make the grammar easy to absorb, and emphasis is placed on the acquisition of a wide range of essential vocabulary from an early stage. This approach will help build your competence and confidence in using the language and will help you to enjoy your language learning.

Pasos makes language-learning relevant to you, the learner. It interests itself in your opinions, your experience and your knowledge. Through its wealth of authentic materials, it builds up a comprehensive picture of the history, customs and everyday life which make modern Spain and Latin America what they are today. Through learning the language, you also learn about the culture, and through learning about the culture, you will want to use the language.

Balance and variety are prominent features of the course. A balance of freer, fluency activities and graded, accuracy-based tasks; a balance between the four language skills of listening, speaking, reading and writing, each used to reinforce the other; a balance of presentation and practice of new language items; and a balance between the study and use of grammar and vocabulary, the cornerstones of language-learning.

Book 1 is divided into 14 units, each providing approximately six hours of material. Each unit is topic-based and introduces a fundamental aspect of structure. Each is subdivided into several, stand-alone sections allowing the main topics to be developed and diversified, focusing on many aspects of everyday life and allowing the presentation of subsidiary grammatical items and lexical areas.

Units 7 and 14 are consolidation units and comprise additional materials and activities designed to revise and develop language previously covered.

Vocabulary is listed in Spanish-English format at the end of each unit, and an English-Spanish dictionary of all the vocabulary covered is provided at the end of the book.

Likewise, the brief grammar review at the end of each unit is backed up by a detailed reference section of all the grammar points at the back of the book, which offers examples and unit and page references. Using these resources, the course can be used successfully if you are studying alone as well as in the classroom.

Book 1 is accompanied by *Pasos 1 Activity Book* which provides a wealth of extra material for language practice

We hope you enjoy the course and we hope you will want to find out more about life in Spanish-speaking countries. Good luck!

Symbols used in *Pasos*

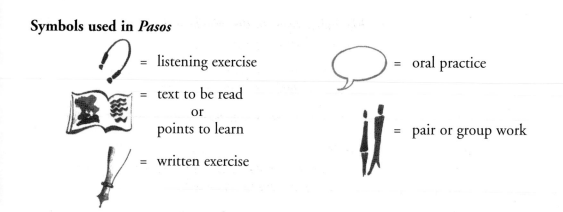

= listening exercise

= oral practice

= text to be read
or
points to learn

= pair or group work

= written exercise

A Guide to Spanish Pronunciation

This guide can also be found at the beginning of the accompanying cassette set.

The secret of successful pronunciation in Spanish lies in keeping the vowels short and true. Consonants maintain constant values, but some are modified when adjacent to certain letters.

Vowels

Letter	Spanish word	As in
a	padre	*pad (the **a** is short)*
e	tengo	*ten (the **e** is short)*
i	fin	*somewhere between fin and me (short)*
o	foto	*Somewhere between fog and foe (short)*
u	gusto	*good*

Sometimes two vowels are placed together:

ue	bueno	*(bwenno)*
ie	bien	*(bi(y)en)*
au	trauma	*round*
ei	seis	*face*
ai	bailar	*bide*
eu	deuda	*pronounce elements separately (**e** + **u**)*
oi/oy	hoy	*boy*

Consonants

● *b and v sound virtually the same in Spanish. At the beginning of a word or a syllable, both are pronounced like the English **b**,* *as in **big**:* **b**aile, **v**ista. *In the middle of the word it is a slightly softer sound:* be**b**ida, vol**v**er.

- *j is pronounced at the back of the throat, rather like the **ch** in the Scottish lo**ch**, as in* **j**ugar, **j**amón.

- *g is also pronounced in this way when placed before **e** or **i**:*
  gente
  gimnasio
  But note: **gu**erra, **gu**itarra *as in **get**. This is because of the **u** between the **g** and the main vowel.*

- *h is not pronounced at all:* **h**ora, a**h**ora.

- *c is pronounced like a soft **th**, as in **th**eatre, when placed before **e** or **i**:*
  centro
  cine
  *Otherwise it is pronounced like English **k**:* **c**omida.

- *z is always pronounced like a soft **th**:*
  zona *(thona)*

  Note: **ce, ci**, *and* **z** *are pronounced as in 'see' in South American Spanish and in some parts of the south of Spain:*
  cine *(seeneh)*

- *r is always pronounced and slightly rolled.*
  pe**r**o = *but;* come**r** = *eat*
  pe**rr**o = *dog*   *(double **r** produces a stronger roll)*

- *ll is pronounced **y**, as in* **ll**amar *(yamar).*

- *ñ is pronounced as in* ma**ñ**ana *(manyanna).*

- *w is only found in imported words like* whisky *(where it is pronounced similarly to the English pronunciation, and* wáter *(water closet), where it is pronounced with a **b** (as in **b**atter).*

Stress

1 *Words ending in **n, s** or a vowel: the penultimate syllable is stressed*   recepcio**nis**ta, pa**ta**tas, **ce**nan.
2 *Words ending in a consonant other than **n** or **s**: the last syllable is stressed:*   co**mer**.
3 *When either of rules 1 or 2 are not applied, an acute accent appears over the stressed syllable:*   recep**ción**, in**glés**.

1

¿ Q u i é n   e r e s ?

Meeting people	Countries and nationalities
Socialising	Jobs
Greetings (formal and informal)	Family
Talking about yourself	Numbers 0–9

A Nombres y Saludos

ACTIVIDAD 1

Escucha las frases. *Listen to sentences 1 to 4 and put the number of each sentence in the box.*

a Me llamo Charo. ☐

b Me llamo Tomás. ☐

c Me llamo María Teresa. ☐

d Me llamo Tessa. ¿Y tú? ☐

ACTIVIDAD 2

Ejemplo:

Rosa María   Hola, me llamo Rosa María. ¿Y tú?

Pedro   Me llamo Pedro.

Rosa María   Hola. Me llamo Rosa María. ¿Y usted?

Manuel   Me llamo Manuel Martín.

Practise with a partner.

A: Hola _____ ¿Y _____ ?

B: _____

¡Atención!

you = tú *(informal)*

= usted *(formal)*

ACTIVIDAD 3

Saludos.

¡Hola!

Buenos días

Buenas tardes

Buenas noches

Adiós

ACTIVIDAD 4

Saluda a la gente. *Greet people at these times.*

3 pm _____
10 am _____
11 pm _____
7 pm _____
7 am _____
8 pm _____

¡Atención!

¿Cómo te llamas? (*informal*)
¿Cómo se llama? (*formal*)
= *What's your name?*

ACTIVIDAD 5

¿Cómo te llamas?

Me llamo Magdalena.

¿Cómo se llama?

Me llamo Manuel Martín.

ACTIVIDAD 6

Escucha y decide : ¿formal o informal?

Formal = F   *Informal* = I

1 F
2 ___
3 ___
4 ___
5 ___

¡Atención!

Mucho gusto = *Pleased to meet you*
(usually formal)
¿Qué tal? = *How are you?*
(usually informal)
¡Hola! = *Hello*

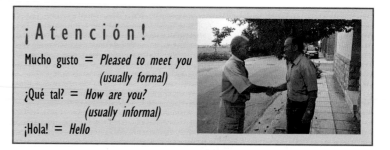

1

Tú	¿Cómo se llama?
Señor	Me llamo Arturo.
Tú	Mucho gusto.

2

Continúa: *write the correct form of address.*

Tú	¿ _____ ?
Chica	Me llamo Ana.
Tú	_____

3

Tú	¿ _____ ?
Señora	Me llamo Rosa.
Tú	_____

4

Tú	¿ _____ ?
Chico	Me llamo Carlitos.
Tú	_____

Continúa con tus compañeros.

B Profesiones

En la clase.

¡Atención!

Soy = I am

ACTIVIDAD 9

Una profesión para una persona. (*One job for each person.*)

1 recepcionista   **2** camarera   **3** arquitecta
4 profesor   **5** médico   **6** mecánico

María: camarera

Jesús: _____

María Teresa: _____

Juan: _____

Carmen: _____

Eduardo: _____

¡Atención!

Masculino	Femenino	M	F
camarero	camarera	-o	-a
profesor	profesora	consonante	-a
estudiante	estudiante	-e	-e
recepcionista	recepcionista	-a	-a

ACTIVIDAD 10

1 María es camarera.
2 _____
3 _____
4 _____
5 _____
6 _____

> **¡Atención!**
>
> María es ~~una~~ camarera.
> María es camarera.
>
> es = (*he/she*) is

ACTIVIDAD 11

Use the pictures from Actividad 9.

Ejemplo:

A: ¡Hola! Me llamo Juan y soy médico. ¿Y tú?

B: Me llamo María Teresa y _____

Continúa con Eduardo y Carmen.
  con Jesús y María.

Continúa con 2 o 3 estudiantes.

A: Me llamo _____ y soy _____ ¿Y tú? etc.

For more jobs, see Vocabulario, *page 16.*

ACTIVIDAD 12

Soy arquitecta.

Me llamo Rosa.
Soy profesora.
¿Y tú? ¿Qué eres?

Soy la señora Martín.
Soy profesora.
¿Y usted? ¿Qué es?

Soy médico.

> **¡Atención!**
>
> tú = ¿Qué eres?
> usted = ¿Qué es?
>
> OR
>
> ¿Cuál es tu profesión?
> ¿Cuál es su profesión?

Presentaciones

ACTIVIDAD 13

> Soy la señora García. Soy secretaria. Es el señor Pérez, es médico. Es la señorita González, es estudiante

> Mucho gusto.

> Mucho gusto.

¡Atención!

el señor	Soy el señor …
la señora	Soy la señora …
la señorita	Soy la señorita …

ACTIVIDAD 14

Make sentences.

Ejemplo:

1 Se llama _____. Es cantante.

JUAN LUIS GUERRA

Cantante

"La música es una carrera de desilusiones pero cuando cojo mi guitarra y canto, olvido todas las dificultades."

JAVIER REVERTE

Periodista y escritor

Fue corresponsal de prensa en Londres y París: "Viajo para escapar de la rutina."

MIQUEL BARCELÓ

Pintor

El 14 de septiembre se inaugura, en el Centro de Arte Reina Sofía, exposición antológica de obra sobre papel. Pero antes, en agosto, tiene una exposición en la galería Marck, de Palma de Mallorca

CARMEN POSADAS

Escritora

Después del Premio Planeta, Carmen publicará en septiembre un ensayo sobre la gente que confunde el amor con la pasión. Durante sus vacaciones estará trabajando en su nueva novela.

C Nacionalidad

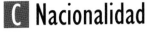

ACTIVIDAD 15

¡Hola! Me llamo Rosa. Soy profesora. Soy española, de Zaragoza.

¡Hola! Soy María Teresa. Soy arquitecta. Soy colombiana, de Bogotá.

ESPAÑA

COLOMBIA

			Masculino		**Femenino**
Una persona de	España	es	español	o	española
	Inglaterra		inglés		inglesa
	Escocia		escocés		escocesa
	Gales		galés		galesa
	Irlanda		irlandés		irlandesa
	América		americano		americana
	Argentina		argentino		argentina
	Brasil		brasileño		brasileña

For more nationalities see Vocabulario, *page 16-17.*

ACTIVIDAD 16

Listen to this person describing the class in the picture from one to ten. Where are they from?

japonés	3
alemana	☐
escocesa	6
italiano	8
norteamericana	4
inglesa	1
galesa	7
francés	2
irlandesa	5
brasileño	☐ 2

ACTIVIDAD 17

Practica en la clase.

Ejemplo:

Alice ¿De dónde eres?

Robert Soy americano, de Los Angeles. ¿Y tú?

Alice Yo soy inglesa, de Londres.

Continúa con los compañeros de la clase.

¡Atención!

¿De dónde eres (tú)? = *Where are you from?*

¿De dónde es (usted)?

ACTIVIDAD 18

Lee el folleto de viajes. *Read the travel brochure.*

CONTENIDO

Europa

América

Asia

Africa

¿En qué página están estas ciudades? *On which page are these cities?*

Roma   El Cairo   Berlín

París   Estocolmo   Zúrich

Estanbul   Kingston

Casablanca   Atenas

ACTIVIDAD
19

In La ONE (Orquesta Nacional de España) *there are a number of musicians from other countries. Read the text, then answer the questions.*

Mujeres de la Orquesta Nacional

En la One hay profesoras contratadas de otros países. *Kinka Petrova Hintcheva* es búlgara y *Yoom Im Chang*, coreana, ambas, violines primeros. *Carmen Mezei*, violinista, es rumana. *Evelin Rosenhart*, de 29 años, holandesa, es chelista *contratada* de la ONE.

¿Quién es de Bulgaria?
Holanda?
Rumania?
Corea?

¡Atención!

¿Quién? = *Who?*

D La Familia

ACTIVIDAD
20

Ésta es la familia Falcón Yuste.

¡Atención!

el padre	= *the father*
la madre	= *the mother*
la mujer	= *the wife*
el marido	= *the husband*
el hijo	= *the son*
la hija	= *the daughter*
el hermano	= *the brother*
la hermana	= *the sister*
el (masculino) } la (femenino)	= *the*

Completa.

Luis es **el padre** de Javier y Yolanda, y _____ de Alicia.
Alicia es _____ de Yolanda y Javier, y la mujer de _____.
_____ es el hijo de Luis y Alicia, y _____ de Yolanda.
Yolanda es _____ de Luis y Alicia, y la hermana de _____

Pregunta a tu compañero/a. *Ask your partner.*

A: ¿Cómo se llama el padre de Javier?

B: Se llama Luis.

Continúa.

Bea habla de su familia.

Completa el árbol genealógico. *Complete the family tree, using these names:*

Bea, Celia, Eduardo, Ana.

Bea

¡Atención!

Tengo una
hermana   = *I have a (one) sister*
mi familia = *my family*
tu familia = *your family*

Habla de tu familia con un(a) compañero/a.

Tengo _____

Mi _____ se llama _____ etc.

EN CASA O EN CLASE

ACTIVIDAD 24

Listen to this introduction to a quiz programme. The presenter introduces three couples.

Escucha y completa el cuadro. *Listen and complete the chart.*

	1	2	3
Relación			
¿De dónde son?			
Profesiones	a	a	a
	b	b	b

ACTIVIDAD 25

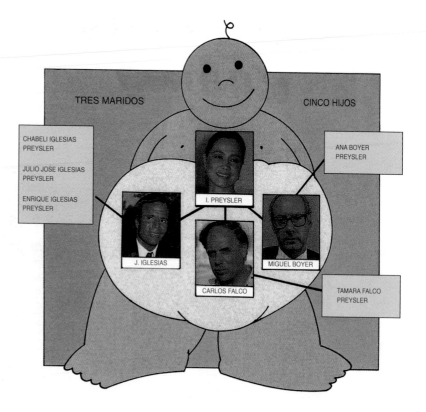

TRES MARIDOS · CINCO HIJOS

CHABELI IGLESIAS PREYSLER

JULIO JOSÉ IGLESIAS PREYSLER

ENRIQUE IGLESIAS PREYSLER

I. PREYSLER

J. IGLESIAS

CARLOS FALCO

MIGUEL BOYER

ANA BOYER PREYSLER

TAMARA FALCO PREYSLER

Lee el texto sobre Isabel Preysler y busca la información.
Read the text and find the information.

1 De dónde es.
2 Qué es.
3 El número de maridos.
4 El número de hijos (total).
5 El número de hijos por marido.
6 Las profesiones de los maridos.
7 El nombre de su marido actual (*present husband*).

Isabel Preysler es filipina pero vive en España. Su profesión: famosa.

Tiene cinco hijos: dos hijos y una hija de su primer marido, una hija de su segundo marido y otra hija, Ana, del tercero. Su primer marido es el famoso cantante Julio Iglesias con quien se casó a los veinte años. Después de unos ocho años se divorció del cantante y se casó con Carlos Falcó, marqués de Griñón. Su matrimonio parecía estable cuando llegó el escándalo. Isabel y Miguel Boyer, Ministro de Economía del Gobierno tenían una relación secreta. Miguel Boyer dimitió del Gobierno y se casó por sorpresa con Isabel. Ahora es banquero. Miguel e Isabel tienen una hija llamada Ana.

Vocabulario para la próxima lección

Números

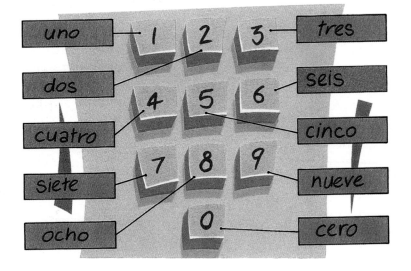

Gramática

VERBO: **ser** = *to be*

(Yo)	**Soy**	mecánico	*I am a mechanic*
(Tú)	**¿Eres**	española?	*Are you Spanish?*
Él/Ella }	**Es**	de Madrid	*He/She is from Madrid*
Usted }			*You are from Madrid (formal)*

VERBO: **llamarse** = *to be called*

¿Cómo **te llamas?**　　　　*What's your name?*
¿Cómo **se llama?**　　　　*What's your name? (formal)*
　　　　　　　　　　　　What's his/her name?

Me llamo Juan　　　　*My name is Juan*
　　　　　　　　　　I'm Juan

Se llama Gloria　　　　*Her name's Gloria*
　　　　　　　　　　She's Gloria

¿Y tú? }
¿Y usted? }　　　　*And you?*

VERBO: **tener** = *to have*

Tengo un hermano
¿Tienes hermanos?

I have one brother
Do you have (any) brothers?

MASCULINO Y FEMENINO

Most masculine nouns end in −o:
Most feminine nouns end in −a:
But there are some exceptions:

camarero
camarera
recepcionista (m + f)
profesor (m)/profesora (f)
señor (m)/señora (f)
estudiante (m + f)

el hijo (masculine) = **the** son
la hija (feminine) = **the** daughter

PLURALES

Words ending in a vowel:
recepcionista   recepcionista**s**

Words ending in a consonant:
profesor   profesor**es**

Vocabulario

Saludos	**Greetings**	**Profesiones**	*Jobs/Professions*
Hola	*Hello*	arquitecto/arquitecta	*architect*
Buenos días	*Hello/Good morning/ Good day*	camarero/camarera	*waiter, barworker*
		cantante	*singer*
Buenas tardes	*Good afternoon/ Good evening*	dependiente/ dependienta	*shop assistant*
Buenas noches	*Goodnight*	escritor/escritora	*writer*
Adiós	*Goodbye*	estudiante	*student*
Mucho gusto	*Pleased to meet you (literally: great pleasure)*	hombre/mujer de negocios	*businessman/woman*
		ingeniero/ingeniera	*engineer*
		mecánico/mecánica	*mechanic*
		médico/médica	*doctor*
Preguntas	*Questions*	periodista	*journalist*
¿Cómo te llamas?	*What's your name?*	pintor/pintora	*painter*
¿Cómo se llama?	*What's your name? (formal)*	profesor/profesora	*teacher*
¿De dónde eres?	*Where are you from?*	recepcionista	*receptionist*

Países y Nacionalidades	Countries and Nationalities
Alemania	*Germany*
alemán/alemana	*German*
América (Norteamérica)	*America (North America)*
americano/americana	*American*
Argentina	*Argentina*
argentino/argentina	*Argentinian*
Brasil	*Brazil*
brasileño/brasileña	*Brazilian*
Colombia	*Columbia*
colombiano/ colombiana	*Columbian*
China	*China*
chino/china	*Chinese*
Escocia	*Scotland*
escocés/escocesa	*Scottish*
España	*Spain*
español/española	*Spanish*
Francia	*France*
francés/francesa	*French*
(País de) Gales	*Wales*
galés/galesa	*Welsh*
Grecia	*Greece*
griego/griega	*Greek*
India	*India*
indio/a (hindú)	*Indian (Hindu)*
Inglaterra	*England*
inglés/inglesa	*English*
Irlanda	*Ireland*
irlandés/irlandesa	*Irish*
Irlanda del Norte	*Northern Ireland*
irlandés/irlandesa (del Norte)	*Northern Irish*
Italia	*Italy*
italiano/italiana	*Italian*
Jamaica	*Jamaica*
jamaicano/a	*Jamaican*
Japón	*Japan*
japonés/japonesa	*Japanese*
México	*Mexico*
mexicano/mexicana	*Mexican*
Paraguay	*Paraguay*

paraguayo/paraguaya	*Paraguayan*
Perú	*Peru*
peruano/peruana	*Peruvian*
Turquía	*Turkey*
turco/a	*Turkish*
Uruguay	*Uruguay*
uruguayo/uruguaya	*Uruguayan*

Los títulos

el señor	*Mr*
la señora	*Mrs/Ms*
la señorita	*Miss*
Señor	*Sir*
Señora	*Madam*
Señorita	*Miss*

La familia	The family
el padre	*the father*
la madre	*the mother*
el marido	*the husband*
la mujer	*the wife*
el hijo	*the son*
la hija	*the daughter*
el hermano	*the brother*
la hermana	*the sister*
con	*with*
de	*from*
(Soy de Zaragoza)	*(I'm from Zaragoza)*
ahora	*now*
mi	*my*
(mi hermano)	*my brother*
tu	*your*
(tu hermana)	*your sister*
¿dónde?	*where?*
¿qué?	*what?*

Verbos	Verbs
tener	*to have*
(Tengo un hermano)	*(I have a brother)*
ser	*to be*
(soy	*I am)*
(es	*he/she is you are (formal))*
llamarse	*to be called*

2

¿Qué quieres?

In the bar and restaurant:	Numbers 10-100
ordering food and drink	Telephone numbers
saying what there is	The alphabet:
Making friends:	spelling your name and
saying where you live and	address
where you are from	Saying how old you are
Forms of address	

A En el bar

Virginia en un bar.

Virginia	Hola.
Camarero	Hola. ¿Qué quieres tomar?
Virginia	Quiero una tónica. Bueno . . . un café, por favor.
Camarero	¿Quieres algo más?
Virginia	Sí. ¿Qué hay?
Camarero	Hay olivas, patatas fritas, empanadillas, jamón . . .
Virginia	¿Hay tortilla de patata?
Camarero	Sí.

Virginia	Bueno, pues . . . tortilla.
Camarero	¿Algo más?
Virginia	No, nada más. ¿Cuánto es?
Camarero	Trescientas pesetas.

·BAR MIGUEL·

Tónica 100

Patatas Fritas 200

300

·BAR MIGUEL·

Café 100

Tortilla 200

300

¿Cuál es la cuenta de Virginia? (*Which is Virginia's bill?*)

Escucha los diálogos 1–8 y escribe ✔ o ✘ en el cuadro.

Diálogo 1	A:	¿Quieres un café?
	B:	Sí, gracias.
Diálogo 2	A:	¿Quieres una coca cola?
	B:	No, gracias.

Continúa con 3, 4, 5, 6, 7, 8.

café ✔ zumo de naranja ☐ coca cola ✘ cerveza ☐ pan ☐

¡Atención!

un (masculino)
una (femenino) } = a

¿Quieres...? *Do you want...?/Would you like...?*

Por favor *Please*
Gracias *Thank you*

tortilla de patata ☐ jamón ☐ queso ☐

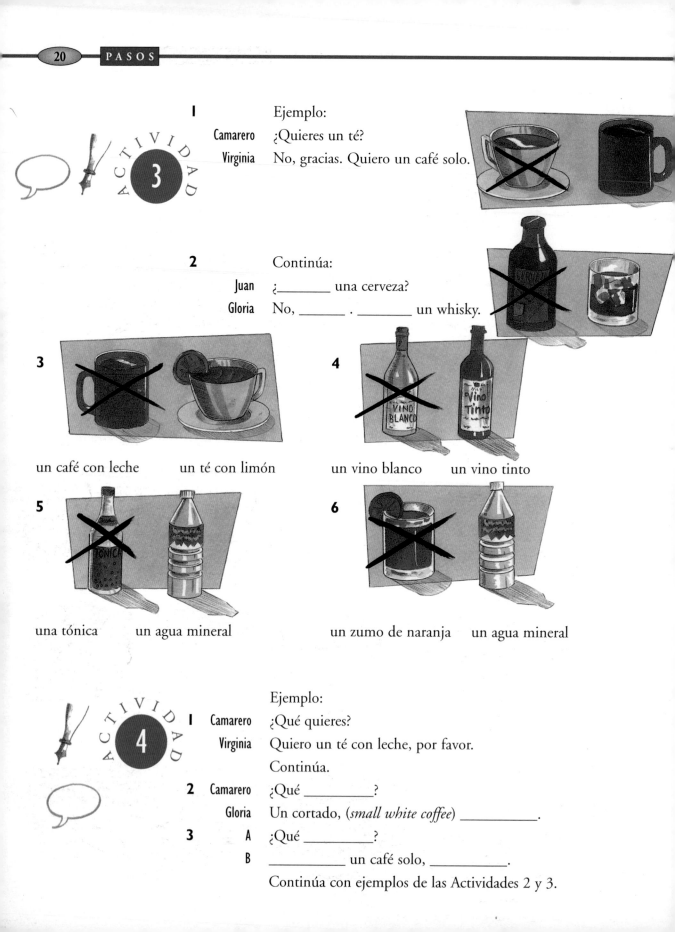

ACTIVIDAD 3

I   Ejemplo:

Camarero   ¿Quieres un té?

Virginia   No, gracias. Quiero un café solo.

2   Continúa:

Juan   ¿_____ una cerveza?

Gloria   No, _____ . _____ un whisky.

3

un café con leche   un té con limón

4

un vino blanco   un vino tinto

5

una tónica   un agua mineral

6

un zumo de naranja   un agua mineral

ACTIVIDAD 4

Ejemplo:

I   Camarero   ¿Qué quieres?

Virginia   Quiero un té con leche, por favor.

Continúa.

2   Camarero   ¿Qué _____?

Gloria   Un cortado, (*small white coffee*) _____.

3   A   ¿Qué _____?

B   _____ un café solo, _____.

Continúa con ejemplos de las Actividades 2 y 3.

B ¿Hay patatas fritas?

ACTIVIDAD 5

1	Virginia	¿Hay olivas?
	Camarero	Sí. Hay olivas.
2	Virginia	¿Hay patatas fritas?
	Camarero	No. No hay patatas fritas.

> **¡Atención!**
>
> Hay = There is/are
> ¿Hay...? = Is there .../Are there...?
> ¿Qué hay? = What is there?

ACTIVIDAD 6

Estudiante A: esta página
Estudiante B: página 224
Estudiante A: Elige cuatro cosas que tienes en el bar y cuatro cosas que no tienes. *Choose four items you have in your bar and four you do not.*

Olivas

Patatas fritas

Jamón

Queso

Empanadillas

Tortilla

> **¡Atención!**
>
> Quiero un bocadillo de jamón
> queso
> tortilla
> calamares

Calamares

Bocadillo

Estudiante B te pregunta qué tienes en el bar. *Student B will ask what you have in your bar.*
Por ejemplo: ¿Hay patatas fritas?

Tú contestas, y Estudiante B pide una cosa. *Answer and Student B will ask for something.*

Cambia. *Change roles.*

La diferencia entre un bocadillo. . .

. . . y un sandwich.

ACTIVIDAD 7

Éste es el Bar Miguel.
Miguel, el propietario, es de Belchite. Es un bar familiar. Miguel y su mujer preparan todos los días muchas tapas y bocadillos para los clientes.
Una tapa es un aperitivo, un plato pequeño de comida, por ejemplo de olivas, de champiñones, o de patatas fritas. Las tapas son muy típicas de los bares en España.

¡Atención!

los (masculino)
las (femenino) } = *the (+ plural)*

1 ¿Cómo se llama el bar?
2 ¿Cómo se llama el propietario del bar?
3 ¿De dónde es el propietario?
4 ¿Qué tipo de bar es?
5 ¿Qué es una tapa?
6 ¿Hay bocadillos en el bar?

C En el restaurante

ACTIVIDAD **8**

Escucha. ¿Qué piden? Indica con ✔.
Listen. What do they order? Indicate with ✔.

Bebidas

Refrescos y aguas

Coca-cola, Fanta
(naranja o limón) 1,30

Tónica Schweppes
(naranja o limón) 1,30

Agua Mineral (con o sin
Gas, 1/2 botella) 0,90

Cervezas

Reserva (1/3) 1,55
Cervezas especiales (1/3) 1,40
Copa Imperial (350cl) . 1,35
Importación 1,80

Sandwiches

Todos se sirven con guarnición de tomate y ensaladilla rusa.

JAMON Y QUESO A LA PLANCHA   3,20

VEGETAL PLANCHA, con espárragos,
lechuga y tomate   2,95

COMBINADO DE PAVO, tres tostadas
con una capa de pavo y en otra huevo duro,
jamón de york, lechuga y tomate   3,70

CROQUE MONSIEUR, dos tostadas con
jamón de york, queso, encima champiñón, lige-
ramente salseado con béchamel, gratinado y
patatas fritas   4,05

PAYES, con tomate, jamón serrano, tortilla
francesa y patatas fritas   4,50

DE POLLO DOBLE, con salsa rosa, huevo
duro, pepinillo y tomate   3,75

SANDWICH DOS ISLAS, con jamón de
york, manzana, queso, salsa rosa, lechuga,
huevo y mahonesa   3,10

MONTECRISTO, jamón york, queso, pollo
fileteado, tomate, mahonesa, en dos pesos, con
guarnición de patatas fritas   4,05

DE TERNERA, con bacon, lechuga, tomate,
jamón de york y salsa tártara   3,70

VIPS CLUB
Tres pisos con jamón de york, pollo,
bacon, queso y tomate 4,30

ACTIVIDAD **9**

Estudia los ingredientes. *Study the ingredients from the
sandwich menu. Look at the ingredients below and decide which
sandwich (or sandwiches) you want to order.*

1   **2**   **3**   **4**

If there are words you do not know, check in the dictionary

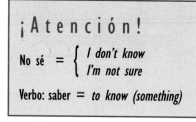

10 ¿Quién dice qué?

Con un(a) compañero/a, une los dibujos con el texto y practica el diálogo. *With a partner, link the pictures with the text and practise the dialogue.*

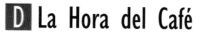

¡Atención!

No sé = { I don't know
I'm not sure }

Verbo: saber = to know (something)

1 Bueno, un poco.	**2** No, no gracias.
3 ¿Quieres vino?	**4** Sólo un poco.
5 ¡Uy, basta, basta!	**6** ¡Qué bueno!
7 Mmm, no sé.	**8** ¡Salud!
9 ¿Un poco más?	

Estas expresiones están en la sección de vocabulario en la página 33.

D La Hora del Café

11 Dos personas en un bar.

¡Atención!

¿Está libre?   = Is this (seat) free?
¿Está ocupado? = Is this (seat) occupied?

¡Atención!

vivir = *to live*

vivo
vives
vive

	María	Alfonso
¿Dónde vive?		
¿De dónde es?		
¿Cuál es su profesión?		
¿Qué quiere beber?		

A C T I V I D A D 12

Estudiante A: esta página
Estudiante B: página 224

La Hora del Café

CAFE, solo, cortado o con leche	1,05
DESCAFEINADO	1,10
CHOCOLATE	1,20
LECHE	0,95
YOGOURT, natural	0,90
INFUSIONES	1,10
ZUMO DE NARANJA, natural	1,50
ZUMO DE TOMATE, POMELO O PIÑA	1,35
CAFE IRLANDES	3,55
TOSTADA, con mantequilla y mermelada	1,10
CROISSANT, TORTEL O NAPOLITANA	1,05

Practica un diálogo como el de Actividad 11. *Practise a dialogue like the one in* Actividad 11 *using the following details.*

Estudiante A:

Inglés/Inglesa
De Birmingham
Vives en Barcelona
Profesor(a) de inglés
¿Qué quieres beber?

Estudiante B te hace preguntas. *Student B asks you questions. Respond using the above details.*

Ahora tú preguntas.

Estudiante A y Estudiante B: Inventa una lista de circunstancias y practica otro diálogo. *Invent other circumstances and practise another dialogue.*

ACTIVIDAD 13

Ejemplo:

Escucha: **1** **A:** ¿Dónde vives?
　　　　　　B: Vivo en Málaga.

Escribe 1 en el cuadro de Málaga. Continúa.

Bogotá	☐	Santiago	☐
Ciudad de México	☐	Málaga	1
Lima	☐	Montevideo	☐
Caracas	☐		

ACTIVIDAD 14

Continúa con los compañeros de la clase. (*If you all live in the same town, say the district or the road.*)

ACTIVIDAD 15

Vivo en una plaza.
Une los nombres y las fotos.

a
b
c
d

1
2
3
4

¿Cuál es tu dirección?

A C T I V I D A D

16

Sr. Pedro Rodríguez
Pza. Estación, 8
Canfranc,
(Huesca)

VIA AEREA

Sra. Carmen Arias
Avda. de la Constitución, 79-3º Izda.
41002 Sevilla

By air mail
Par avion

Sr. D. Eduardo Martínez
C/ Goya nº 10 - 6º A
Zaragoza 50006
España

Srta. María Delgado
Ctra. Cariñena, 25
Belchite,
Zaragoza.

Sra. Francisca García
Pº San Juan, 34 8ºB
08009 - Barcelona

¡Atención!

Sr. = Señor = Mr
Sra. = Señora = Mrs
Srta. = Señorita = Miss
Nº = Número = Number
1º = Primero = First (floor)
2º = Segundo = Second (floor)

1 ¿Quién vive en una avenida?
2 ¿Quién vive en un paseo?
3 ¿Quién vive en una calle?
4 ¿Quién vive en una plaza?
5 ¿Quién vive en una carretera?

E Los números 10-100

ACTIVIDAD 17

10 diez	16 dieciséis	21 veintiuno
11 once	17 diecisiete	32 treinta y dos
12 doce	18 dieciocho	43 cuarenta y tres
13 trece	19 diecinueve	54 cincuenta y cuatro
14 catorce	20 veinte	65 sesenta y cinco
15 quince		76 setenta y seis
		87 ochenta y siete
		98 noventa y ocho
		100 cien

Escucha unos números de la lista.

1 Indica con ✔ el número que escuchas.
Tick the number you hear.

2 Escucha otra vez y escribe el número en palabras.
Listen again and write the number in words.

ACTIVIDAD 18

Ejemplos:

¿Cuál es tu número de teléfono?

93-674 6697
noventa y tres, seis-siete-cuatro, sesenta y seis, noventa y siete

¿Cuál es tu número de teléfono?

976-29-79-92
nueve, siete, seis, veintinueve, setenta y nueve, noventa y dos

Continúa:

93-788 8462

976-33-45-54

94-725 7559

976-46-81-79

Continúa con los números de teléfono de tus compañeros/as.

F El abecedario español

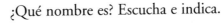

a b c d e f g h i j k l m n ñ o p q r s t u v w x y z

Until recently, 'ch' and 'll' were individual letters in the Spanish alphabet.

ACTIVIDAD 19

¿Qué nombre es? Escucha e indica.

1 García
Gracia

2 Fernández
Fernando

3 Martinell
Martínez

4 Yuste
Juste

5 González
Gonzálvez

6 Ezquerra
Izquierda

ACTIVIDAD 20

Escucha y completa el diálogo.

A: ¿Cómo te llamas?
B: Me llamo José Luis Martín_____
A: ¿Cómo se escribe_____?
B: _____
A: ¿Dónde vives?
B: Vivo en la calle _____, número _____
A: ¿Cómo se escribe?
B: _____
A: ¿Cuántos años tienes?
B: Tengo ___

¡Atención!

¿Cómo se escribe?	= How do you spell it?
¿Cuántos años tienes?	= How old are you?
Tengo veinticinco (años).	= I am twenty-five.
Verbo: tener	= (literally) to have

ACTIVIDAD 21

Estudiante A: *Spell your surname and the name of your street, but don't say the name.*
Estudiante B: *Write down the surname and street of your partner, then check it.*

Ejemplo:

A: Mi apellido (*surname*) se escribe J-O-H-N-S-T-O-N.
Mi calle es B-R-A-E-M-A-R S-T-R-E-E-T.

Continúa con otros/as compañeros/as.

¿Cuántos años tienen ahora?   (*How old are they now?*)

CUMPLEAÑOS

Fermín Cacho
atleta   16/2/1969

Pedro Almodóvar
director de cine
25/9/1949

Penélope Cruz
actriz   28/4/1974

Pedro de la Rosa
piloto de Fórmula 1
24/2/1971

Paula Vázquez
presentadora de
televisión
26/11/1975

Ahora pregunta a cinco compañeros/as: '¿Cuántos años tienes?' Escríbelos en orden.

EN CLASE O EN CASA

Estos cupones son para un premio especial.

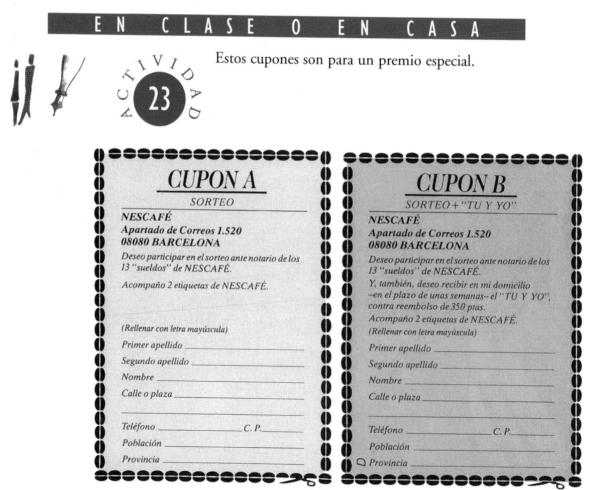

CUPON A
SORTEO

NESCAFÉ
Apartado de Correos 1.520
08080 BARCELONA

Deseo participar en el sorteo ante notario de los
13 "sueldos" de NESCAFÉ.

Acompaño 2 etiquetas de NESCAFÉ.

(Rellenar con letra mayúscula)

Primer apellido _____

Segundo apellido _____

Nombre _____

Calle o plaza _____

_____

Teléfono _____   C. P. _____

Población _____

Provincia _____

CUPON B
SORTEO + "TU Y YO"

NESCAFÉ
Apartado de Correos 1.520
08080 BARCELONA

Deseo participar en el sorteo ante notario de los
13 "sueldos" de NESCAFÉ.
Y, también, deseo recibir en mi domicilio
–en el plazo de unas semanas– el "TU Y YO",
contra reembolso de 350 ptas.
Acompaño 2 etiquetas de NESCAFÉ.
(Rellenar con letra mayúscula)

Primer apellido _____

Segundo apellido _____

Nombre _____

Calle o plaza _____

Teléfono _____   C. P. _____

Población _____

Provincia _____

Completa el primer cupón con tus detalles.

Completa el segundo cupón con los detalles de un(a) compañero/a.

A: Pregunta
B: Contesta
C: Completa
A + B: Comprueban (*check*)

Correspondencia

¡A t e n c i ó n !

Spaniards have two surnames (apellidos): the first from their father, the second from their mother.

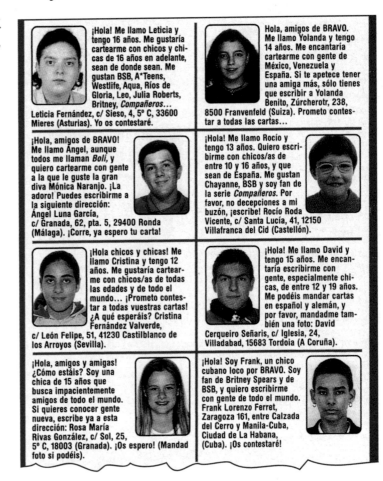

Estudia la página de correspondencia personal de una revista y busca lo siguiente:

1 ¿Quién vive en Granada?
2 ¿Quiénes no viven en España?
3 ¿Quién tiene dieciséis años?
4 ¿Quién quiere escribir a gente de Sudamérica?
5 ¿Quiénes viven en el quinto piso?

Vocabulario para la próxima lección

la capital	= *the capital (city)*		la provincia	= *province*
una ciudad	= *a city*		un kilómetro	= *a kilometre*
un pueblo	= *a town or village*		un monumento	= *a monument*
mil	= *a thousand*		la agricultura	= *agriculture*
un millón	= *a million*		la industria	= *industry*
habitantes (m)	= *inhabitants*		el agua (f)	= *water*

Gramática

Hay
{ *There is*
  There are

¿Hay?
{ *Is there?*
  Are there?

¿Hay pan?	*Is there any bread?*
Sí, hay.	*Yes, there is.*
¿Hay patatas fritas?	*Are there any crisps?*
Sí, hay.	*Yes, there are.*
¿Cuántos años tienes?	*How old are you?*
Tengo veinte años.	*I'm twenty (literally: I have 20 years).*

un (masculino)
una (femenino) } = *a*   un té
una tónica

PLURALES: un bocadill**o**
dos bocadill**os**
} *after a vowel + -s*
una patat**a**
dos patat**as**

un ba**r**
dos ba**res**
} *after a consonant + -es*

VERBO: **querer** = *to want*

¿Qué **quieres?**	*What do you want?*
Quiero una cerveza	*I want a beer*
¿**Quieres** un café?	*Do you want a coffee?*

VERBO: **vivir** = to live

¿Dónde **vives**?	*Where do you live?*
Vivo en Londres	*I live in London*

Vocabulario

Verbos	*Verbs*
beber	*to drink*
comer	*to eat*
escribir	*to write*
querer	*to want*
saber	*to know (something)*
No sé	*I don't know*
vivir	*to live*
preparar	*to prepare*

La comida	*Food*
bocadillo	*sandwich*
bocadillo de jamón	*ham sandwich*
calamares (m)	*squid*
champiñones (m)	*mushrooms*
empanadilla	*savoury-filled pasty*
ensalada	*salad*
jamón (m)	*ham (smoked)*
jamón york	*soft ham*
olivas	*olives*
pan (m)	*bread*
patata	*potato*
patatas fritas	*crisps or chips*
pollo	*chicken*
queso	*cheese*
sandwich (m)	*sandwich*
tapa	*bar snack*
tomate (m)	*tomato*
tortilla	*omelette*

Las bebidas	*Drinks*
el agua (f)	*water*
agua mineral	*mineral water*
café (m)	*coffee*
café con leche	*white coffee (coffee with milk)*
café solo	*black coffee*
cortado	*coffee with a dash of milk*
cerveza	*beer*
té (m)	*tea*

té con limón	*tea with lemon*
tónica	*tonic water*
vino blanco	*white wine*
vino rosado	*rosé*
vino tinto	*red wine*

La dirección	*The address*
número	*number*
primero	*first*
segundo	*second*
calle (f)	*street*
carretera	*road (open road)*
plaza	*square*
avenida (Avda)	*avenue*
paseo	*main avenue*
señor (Sr)	*Mr*
señora (Sra)	*Mrs/Ms*
señorita (Srta)	*Miss*
año	*year*
la cuenta	*the bill*
propietario	*owner, proprietor*
plato	*dish*
mi plato favorito	*my favourite dish*
pequeño/a	*small*
típico/a	*typical*

Expresiones útiles	*Useful expressions*
por favor	*please*
gracias	*thank you*
¿Algo más?	*Anything else?*
Nada más	*Nothing else*
¿Qué hay?	*What is there?/ What have you got?*
hay	*there is, there are*
pues . . .	*well . . .*
bueno	*all right, good, well*
un poco	*a little*
vale, basta	*that's OK, that's enough*
¡Qué rico/bueno!	*It's really good!*
¡Salud!	*Cheers!*
No sé	*I don't know*
¿Cómo se escribe?	*How do you spell it?*

3

¿ D ó n d e   e s t á ?

At the Tourist Office
Finding your way
Asking and saying where places are
Saying where you are from
Describing places

A ¿Dónde está?

Rosa y María Teresa

Rosa No eres española, ¿verdad?

Teresa No. Soy colombiana, pero vivo en Madrid.

Rosa ¿Cuál es la capital de Colombia?

Teresa Bogotá. Yo soy de allí.

Rosa ¿Y dónde está, exactamente?

Teresa Pues, está en el centro del país.

Rosa ¿Es muy grande?

Teresa Sí. Tiene cinco millones de habitantes.

1 ¿De dónde es Teresa?
2 ¿Cuántos habitantes tiene su ciudad?
3 ¿Dónde está la ciudad?
4 ¿Dónde vive ahora?

El norte
El noroeste
El noreste
El oeste — ·El centro· — El este
El suroeste
El sureste
El sur

¡Atención!

estar = *to be (place)*
Barcelona **está** en España.

1 Madrid está en el centro de España.
2 Bogotá está en el centro de Colombia.
3 Buenos Aires está en el este de Argentina.
4 Santiago está en el centro de Chile.
5 Montevideo está en el sur de Uruguay.
6 Lima está en el oeste de Perú.
7 Caracas está en el norte de Venezuela.

MÉXICO
•Ciudad de México
Caracas
Medellín• VENEZUELA
Bogotá•
COLOMBIA
PERÚ
Lima•
Arequipa•
• Madrid
ESPAÑA
Mendoza URUGUAY
Valparaíso•
Santiago• Rosario Montevideo
CHILE •
•Buenos Aires
ARGENTINA

Continúa con un(a) compañero/a y el mapa.

Ejemplo:

1 **A:** ¿Dónde está Barcelona?
   B: Está en el noreste de España.
2 Rosario
3 Medellín
4 Valparaíso
5 Ciudad de México
6 Mendoza
7 Arequipa

Practica las preguntas.

1 ¿De dónde eres?   (Soy de Madrid)
2 ¿Dónde vives?   (Vivo en Barcelona)
3 ¿Dónde está   (Está en el noreste de
     (Barcelona)?   España)

B ¿Cerca o lejos?

A _____ B   C _____ D

A está cerca de B.   C está lejos de D.

Rosa María	¿Dónde está Mendoza?
Héctor	Está en el oeste de Argentina.
Rosa María	¿Está cerca de Buenos Aires?
Héctor	No, está muy lejos.
Rosa María	¿A cuántos kilómetros está?
Héctor	A mil kilómetros.

Angeles	¿Dónde está Belchite?
Rosa María	Está en el noreste de España, en la provincia de Zaragoza.
Angeles	¿Está cerca de Zaragoza?
Rosa María	Sí, está cerca.
Angeles	¿A cuántos kilómetros está?
Rosa María	A cuarenta kilómetros.

Estudiante A: esta página
Estudiante B: página 225

Estudiante A
Ejemplo: **Belchite**/Zaragoza

A: ¿Dónde está Belchite?
B: Está en el noreste de España.
A: ¿Está cerca de Zaragoza?
B: Sí.
A: ¿A cuántos kilómetros está?
B: A cuarenta kilómetros.

Continúa.

Mendoza/Buenos Aires
Toledo/Madrid
Riobamba/Quito

Ahora tú contestas las preguntas de Estudiante B. Estudia la información.

León/sur de México	Terrassa/noreste de España	Arequipa/sur de Perú
↑	↑	↑
300 km	30 km	800 km
↓	↓	↓
Ciudad de México	Barcelona	Lima

En la oficina de turismo en Zaragoza.

The tourist wants to visit the places listed below. Listen to the tourist officer explaining where they are and put the numbers in the boxes in the map of the province of Zaragoza.

¡Atención!

Oiga, por favor. = *Excuse me, please.*
Sí, dígame. = *Yes (literally: Tell me).*

Oiga, por favor.

Sí, dígame.

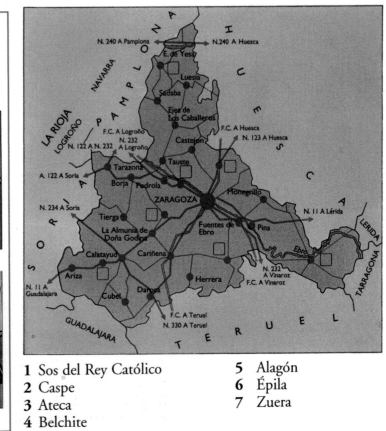

1 Sos del Rey Católico	**5** Alagón
2 Caspe	**6** Épila
3 Ateca	**7** Zuera
4 Belchite	

ACTIVIDAD 7

Dos grandes personajes de dos pequeñas ciudades

Estudiante A: esta página
Estudiante B página 225

Estudiante A: Inventa cinco preguntas sobre este texto.

Mario Vargas Llosa, el famoso escritor y político peruano, es de Arequipa, una ciudad pequeña que está en el sur de Perú a 800 kilómetros de la capital del país, Lima.

Estudiante B te hace preguntas en español sobre este texto.

Estudiante B tiene un texto similar sobre Antonio Banderas. Haz preguntas similares sobre Antonio Banderas.

ACTIVIDAD 8

Escribe un párrafo como el de Actividad 7, utilizando la siguiente información.

1 Amaya Arzuaga/diseñadora de moda/Lerma/norte de España/2.500 habitantes/a 40 km de Burgos.

2 Mari Pau Domínguez/periodista y escritora/Sabadell/noreste de España/200.000 habitantes/a 30 km de Barcelona.

3 Alejandro Amenábar/director de cine/Santiago de Chile/centro de Chile/5.000.000 habitantes/ 75 km de la frontera argentina.

4 Un personaje de tu país.

ACTIVIDAD 9

¿Cuáles son las preguntas? (*What are the questions?*)

Completa el diálogo con las preguntas.

Rosa María	Buenas tardes.
Sra Yuste	Hola, buenas tardes.
Rosa María	¿_____?
Sra Yuste	Yo soy de Belchite.
Rosa María	¿_____?
Sra Yuste	Está cerca de aquí, a cuarenta y cinco kilómetros, más o menos.
Rosa María	¿_____?
Sra Yuste	No, no. No vivo allí. Vivo aquí, en Zaragoza.
Rosa María	¿_____?
Sra Yuste	Grande no. No es grande. Hay más o menos mil quinientos habitantes. Es muy pequeño.
Rosa María	¿_____?
Sra Yuste	Pues, hay un pueblo viejo, monumental, destruido durante la guerra civil. Está cerca del pueblo nuevo. En el pueblo viejo hay muchos monumentos, pero en el pueblo nuevo no hay mucho. Hay una piscina, un campo de fútbol, hay bares, y mucha agricultura, sí mucha, pero no hay agua.

Ahora escucha y comprueba.
¿Qué hay en Belchite?

¡Atención!

¿Cómo es?	=	*What's it like?*
allí	=	*there*
aquí	=	*here*
más o menos	=	*more or less*

Vocabulario

grande (una ciudad grande)	*big (a big city)*
pequeño/a (un pueblo pequeño)	*small (a small town)*
viejo/a (un bar viejo)	*old (an old bar)*
nuevo/a (una cafetería nueva)	*new (a new cafeteria)*
habitante (m)	*inhabitant*
pueblo (m)	*town or village*
piscina (f)	*swimming pool*

C ¿Dónde estás?

Verbo: **estar** = *to be (place)*

(Yo)	**estoy**
(Tú)	**estás**
(Él/Ella/Vd)	**está**

Ejemplos:

1 ¿Dónde está Madrid?
Madrid está en el centro de España.
2 ¿Dónde estás?
Estoy en un bar.

Estudiante A: esta página
Estudiante B: página 226

Estudiante A: Lee la tarjeta postal.

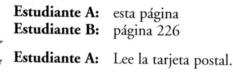

Querida Ana,
Estoy en Biescas en las montañas. Es un pueblo muy bonito que está a cien kilómetros de Huesca y a 25 de la frontera con Francia. Estoy en un camping cerca del pueblo. No hay muchos turistas y es muy tranquilo. Hay restaurantes muy buenos en el pueblo.
Un abrazo,
Miguel.

Srta. Ana Pérez
c/ Marquez nº 54.5º.1ª
MADRID 28646

ROMANICO EN ARAGON
LARREDE

La iglesia de San Pedro de Lárrede, con su esbelto campanario, es la obra más perfecta de la singular arquitectura románica de la margen izquierda del río Gállego. Planta en cruz latina; puerta en el muro sur con arco de medio punto peraltado.

1 Inventa unas preguntas sobre la tarjeta.
2 Cambia las tarjetas con Estudiante B.
3 Haz tus preguntas a Estudiante B.
4 Con tu compañero/a compara las diferencias entre las dos tarjetas.

ACTIVIDAD 12

Escribe una postal a un amigo. Incluye esta información:

Dónde estás   (en un camping, un hotel, etc.)
Cómo es el pueblo   (cuántos habitantes hay, etc.)
Qué hay.

D Direcciones

ACTIVIDAD 13

¿Dónde está?

a la izquierda

todo recto

1ª la primera   3ª la tercera

2ª la segunda   4ª la cuarta

al final (de la calle)

a la derecha

ACTIVIDAD 14

Estás en el hotel. Escucha y marca el plano.

¿Dónde está…

1 el museo de arte moderno?
2 la catedral?
3 la estación?
4 el restaurante Pepe?

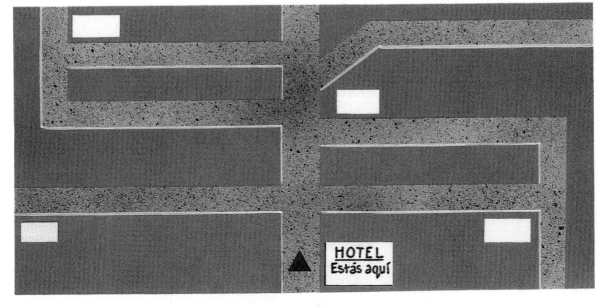

HOTEL
Estás aquí

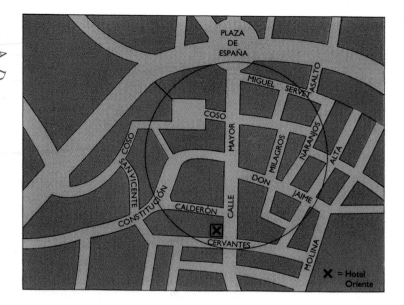

Estás en el hotel Oriente.

Estudia el plano en esta página y lee los ejemplos de direcciones.

1 A: ¿Dónde está la calle Don Jaime?
   B: Todo recto, la primera a la derecha.

2 A: ¿Dónde está la plaza de España?
   B: Todo recto, al final de la calle.

3 A: ¿Dónde está la calle Naranjos?
   B: Todo recto, la primera a la derecha, entonces todo recto y es la segunda a la izquierda.

Continúa con un(a) compañero/a.

Estudiante A: esta página
Estudiante B: página 226

Estudiante A: Pregunta por . . .
   La plaza Mayor
   La avenida de la Independencia
   La calle Trafalgar
   La calle Alfonso

Estudiante B te pregunta sobre otras calles.

Una invitación a una fiesta.

Estudia el plano. Hay tres casas.
Escucha la invitación. ¿Cuál es la casa?

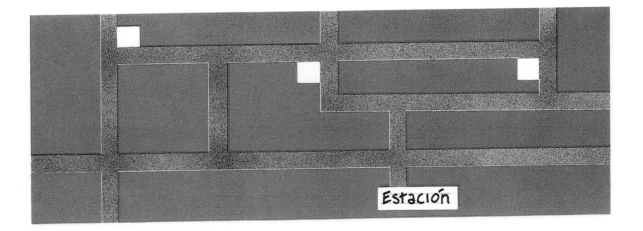

Estación

Estudiante A: Elige una casa. Da direcciones a Estudiante B.
Estudiante B: ¿Para qué casa tienes direcciones?

ACTIVIDAD 17

Haz un plano o mapa a tu casa desde una parada de autobús, una estación de trenes, o un metro. Explica a tu compañero/a las direcciones a tu casa.

E El restaurante está al lado del cine

¿Dónde está X?

ACTIVIDAD 18

A está en la esquina.

B está al lado de Y   C está enfrente de Z

D está en el semáforo.

E está sobre la mesa
F está debajo de la mesa.

G está delante de H
H está detrás de G

I está entre J y K

Estudiante A: esta página
Estudiante B: página 227

Estudiante A: Estos lugares están indicados en tu plano y el plano de Estudiante B.

1 un banco
2 un restaurante
3 un cine
4 la Telefónica
5 La Comisaría de Policía

Estudiante B te pregunta la situación de estos lugares en tu plano.

6 una discoteca
7 un parque
8 un supermercado
9 una piscina

Ahora pregunta tú a Estudiante B la situación de los siguientes lugares.

10 la oficina de turismo
11 el hotel
12 una farmacia
13 una gasolinera

¡Atención!

¿Dónde está la Oficina de Turismo?
¿(Dónde) hay un restaurante por aquí (*round here*)?

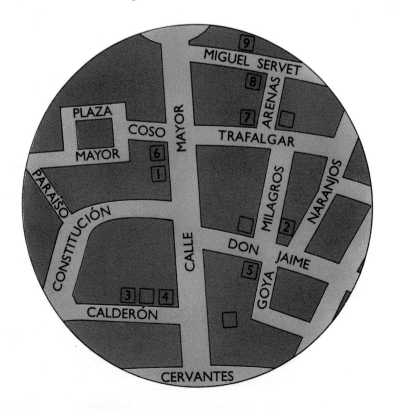

tres ■ ¿DÓNDE ESTÁ?

F De viaje

ACTIVIDAD 20

Mira el mapa. Lee el texto. Completa la información.

Chile

Situado entre el Pacífico y los Andes, al oeste del continente americano, Chile, con sus doce millones de habitantes, es una larga faja de tierra de sólo doscientos kilómetros de ancho y cuatro mil kilómetros de largo. Un país de contrastes, tiene el desierto más seco del mundo y también los icebergs de la Antártida. Su capital, Santiago, de cuatro millones de habitantes, tiene aspecto europeo y es moderna, limpia y ordenada, muy lejos del fin del mundo en el extremo sur del país llamado Patagonia.

Situación: **Capital:**
Superficie: **Otra información:**
Habitantes:

ACTIVIDAD 21

Mira la información sobre Argentina.
Escribe un párrafo.

Situación: Sur de Sudamérica
Superficie: 2.780.000 km
Habitantes: 25.000.000
Capital: Buenos Aires
Otra información: Buenos Aires la capital más grande de Sudamérica, y la más internacional. Grandes contrastes entre las regiones.

Vocabulario para la próxima lección

How many of these can you guess?

una casa	*a house*	una terraza	_____
un piso	*a flat*	un balcón	_____
un apartamento	_____	una ventana	*a window*
un chalé	_____	caro	*expensive*
un garaje		barato	*cheap*
una piscina	*a swimming pool*	una casa cara	*an expensive house*
un jardín	*a garden*	un piso barato	*a cheap flat*
una puerta	*a door/gate*		

Gramática

VERBO: **estar** = *to be (places)*

(Yo)	**estoy**	(Nosotros/as)	**estamos**
(Tú)	**estás**	(Vosotros/as)	**estáis**
(Él/Ella/Usted)	**está**	(Ellos/Ellas/Ustedes)	**están**

Telephone conversation:

A: Dónde estás? *Where are you?*
B: Estoy en Barcelona *I'm in Barcelona*

Toledo está en el centro de España *Toledo is in the centre of Spain*
Está (bastante) cerca de Madrid *It's (quite) near Madrid*
Está (muy) lejos de Sevilla *It's a (very) long way from Seville*

muy = *very*
bastante = *quite*

VERBO: **vivir** = *to live*

¿Dónde **vives?** *Where do you live?*
Vivo en Londres *I live in London*
¿Dónde **vive?** *Where does he/she live?*
Vive en Barcelona *He/she lives in Barcelona*

VERBO: **tener** = *to have*

La Coruña **tiene** 200,000 habitantes *La Coruña has 200,000 inhabitants*
(Yo) **tengo** dos hermanos *I have two brothers*

Vocabulario

Verbos	*Verbs*
estar	*to be (place)*
¿Dónde está?	*Where is it?*

Situación	*Place*
el centro	*the centre*
el norte	*the north*
el sur	*the south*
el este	*the east*
el oeste	*the west*
el noreste	*the northeast*
el noroeste	*the northwest*
el sureste	*the southeast*
el suroeste	*the southwest*
cerca	*near*
lejos	*a long way*
¿A cuántos	*How many*
kilómetros?	*kilometres away?*
el país	*the country*
la provincia	*the province*
la región	*the region*
la capital	*the capital*
una ciudad	*a city*
un pueblo	*a town or a village*
los habitantes	*the inhabitants*
un millón	*a million*
un mapa	*a map*
un plano	*a plan*
la oficina (de turismo)	*the (tourist) office*
esquina	*corner*
al lado de	*next to*
delante de	*in front of*
detrás de	*behind*
enfrente de	*opposite*
sobre	*on, above*
debajo de	*underneath*
entre	*between*
semáforo	*traffic lights*
mesa	*table*

Profesiones	*Jobs*
diseñador(a)	*designer*
político/a	*politician*
actor/actriz	*actor/actress*
poeta/poeta	*poet*

Adjetivos	*Adjectives*
grande	*big (or important)*
pequeño/a	*small*
nuevo/a	*new*
viejo/a	*old (objects)*
famoso/a	*famous*

Direcciones	*Directions*
a la izquierda	*to the left*
a la derecha	*to the right*
todo recto	*straight on*
al final	*to the end*
la tercera	*the third (street)*
la cuarta	*the fourth (street)*
aquí	*here*
allí	*there*
¿Hay un banco **por aquí**	*Is there a bank **round here/near here?***

Edificios	*Buildings*
banco	*bank*
campo de fútbol	*football ground*
casa	*house*
catedral (f)	*cathedral*
cine (m)	*cinema*
comisaría (de policía)	*police station*
discoteca	*discotheque*
estación (f) (de la RENFE)	*(railway) station*
farmacia	*chemist*
gasolinera	*petrol station*
hotel (m)	*hotel*
El Museo de Arte Moderno	*Museum of Modern Art*
parque (m)	*park*
pensión (f)	*guest house*

piscina	*swimming pool*	exactamente	*exactly*
supermercado	*supermarket*	más o menos	*more or less*
La Telefónica	*The Telephone Exchange*	muy	*very*
		mucho	*a lot, many*
invitación (f)	*invitation*		
fiesta	*party*	la Guerra Civil	*The Civil War*
		durante	*during*

Expresiones útiles / *Useful expressions*

entonces	*then, next*
Oiga, por favor	*Excuse me please*
Dígame	*yes (literally: speak to me)*
¿verdad?	*(Question tag)*
La Coruña está en España, **¿verdad?**	*La Coruña is in Spain, **isn't it?***

Preguntas / *Questions*

¿Cómo es?	*What's it like?*
¿Cómo es el pueblo?	*What's the town like?*
¿Dónde está?	*Where is it?*
¿A cuántos kilómetros está?	*How far away is it?*
¿Qué hay?	*What is there?*

4

¿ Cómo es?

> Booking into a hotel
> Dates
> Describing what places are like
> Describing your house
> Ordinal numbers

A Una habitación, por favor

ACTIVIDAD 1

En el hotel. Completa la conversación.

Recepcionista	Buenos días.
Cliente	Buenos días.
Recepcionista	¿Qué quería?
Cliente	Una habitación _____ por favor.
Recepcionista	Sí. ¿Para cuántas noches?
Cliente	Para _____.
Recepcionista	¿La quiere con _____ o con _____?
Cliente	Con _____.
Recepcionista	¿Quiere desayunar en el hotel?
Cliente	Sí, por favor.
Recepcionista	Vale. Su carnet de indentidad, por favor.

ACTIVIDAD 2

para una noche   para una persona
dos noches   dos personas
tres noches   tres personas
cuatro noches   cuatro personas

una habitación individual

una habitación doble

una habitación con baño y ducha

el desayuno / desayunar

la comida / comer

la cena / cenar

ACTIVIDAD 3

Tres diálogos.
Completa los detalles.

¡Atención!

media pensión = *half board*
pensión completa = *full board*

	Nº de habitaciones	baño	individual doble	noches	media pensión	pensión completa
1						
2						
3						
4*						

*Ver Actividad 4.

ACTIVIDAD 4

Estudiante A: Usa el cuadro para decidir tus detalles. Reserva una habitación.

Estudiante B: Estudiante A hace la reserva. Tú haces las preguntas. Completa los detalles en el número 4 del cuadro.

ACTIVIDAD 5

El Calendario

Hay doce meses en un año.

enero   febrero   marzo   abril   mayo   junio
julio   agosto   septiembre   octubre   noviembre
diciembre

¡Atención!

un año	= *a year*
un mes	= *a month*
una semana	= *a week*
un día	= *a day*
una hora	= *an hour*
un minuto	= *a minute*

La fecha (*the date*)

1 enero	= el uno de enero
31 diciembre	= el treinta y uno
	de diciembre

	Enero	Febrero	Marzo	
	01 02 03 04 05	05 06 07 08 09	09 10 11 12 13	
L	1 8 15 22 29	5 12 19 26	5 12 19 26	L
M	2 9 16 23 30	6 13 20 27	6 13 20 27	M
M	3 10 17 24 31	7 14 21 28	7 14 21 28	M
J	4 11 18 25	1 8 15 22	1 8 15 22 29	J
V	5 12 19 26	2 9 16 23	2 9 16 23 30	V
S	6 13 20 27	3 10 17 24	3 10 17 24 31	S
D	7 14 21 28	4 11 18 25	4 11 18 25	D
	Abril	Mayo	Junio	
	13 14 15 16 17	18 19 20 21 22	22 23 24 25 26	
L	2 9 16 23 30	7 14 21 28	4 11 18 25	L
M	3 10 17 24	1 8 15 22 29	5 12 19 26	M
M	4 11 18 25	2 9 16 23 30	6 13 20 27	M
J	5 12 19 26	3 10 17 24 31	7 14 21 28	J
V	6 13 20 27	4 11 18 25	1 8 15 22 29	V
S	7 14 21 28	5 12 19 26	2 9 16 23 30	S
D	1 8 15 22 29	6 13 20 27	3 10 17 24	D
	Julio	Agosto	Septiembre	
	26 27 28 29 30 31	31 32 33 34 35	35 36 37 38 39	
L	2 9 16 23 30	6 13 20 27	3 10 17 24	L
M	3 10 17 24 31	7 14 21 28	4 11 18 25	M
M	4 11 18 25	1 8 15 22 29	5 12 19 26	M
J	5 12 19 26	2 9 16 23 30	6 13 20 27	J
V	6 13 20 27	3 10 17 24 31	7 14 21 28	V
D	1 8 15 22 29	5 12 19 26	2 9 16 23 30	D
	Octubre	Noviembre	Diciembre	
	39 40 41 42 43 44	44 45 46 47 48	48 49 50 51 52	
L	1 8 15 22 29	5 12 19 26	3 10 17 24 31	L
M	2 9 16 23 30	6 13 20 27	4 11 18 25	M
M	3 10 17 24 31	7 14 21 28	5 12 19 26	M
J	4 11 18 25	1 8 15 22 29	6 13 20 27	J
V	5 12 19 26	2 9 16 23 30	7 14 21 28	V
S	6 13 20 27	3 10 17 24	1 8 15 22 29	S
D	7 14 21 28	4 11 18 25	2 9 16 23 30	D

ACTIVIDAD 6

Un cliente hace una reserva para un hotel por teléfono.

Escucha y marca el cuadro apropiado.

1 25 ☐   julio ☐   3 noches ☐
   26 ☐   junio ☐   6 noches ☐
   27 ☐   mayo ☐   7 noches ☐

2 16 ☐   enero ☐   11 noches ☐
   17 ☐   febrero ☐   12 noches ☐
   19 ☐   marzo ☐   13 noches ☐

ACTIVIDAD 7

Estudiante A: esta página
Estudiante B: página 228

Estudiante A: Decide: clase de habitación
                          noches
                          pensión
                          fecha

La cuenta.

**AGRUPACION PROVINCIAL
DE EMPRESARIOS
DE HOSTELERIA
DE CUENCA**

Establecimiento ....
....
....Categoria ....

Sr. MARTIN ....

Fecha llegada 26/7 Fecha salida 28/7 ....

Habit. no. 102   No. Pers. ...... 2 ....

SERVICIOS SOLICITADOS   PRECIOS

Habitación ....
Desayuno .... 115 €
Almuerzo o cena .... 11 €
Pensión Alimenticia ....

FIRMA

1 ¿Cuánto cuesta la habitación?
2 ¿Qué número es?
3 ¿Para cuántas noches?
4 ¿Para cuántas personas?
5 ¿Está incluido el desayuno?

B ¿Cómo es el hotel?

Masculino

¿Cómo es el hotel?

Es grand**e**
   bonit**o**
   modern**o**
   cómod**o**

Femenino

¿Cómo es la habitación?

Es grand**e**
   bonit**a**
   modern**a**
   cómod**a**

Mira las fotos en la página 53.

¿Qué hay en el hotel?

Hay piscina
        jardín
        bar
        restaurante
        habitaciones dobles

Lee la descripción del hotel y contesta las preguntas.

ACTIVIDAD 10

TRYP MARBELLA DINAMAR
**** EXCEL

Hotel

Situación: Situado junto a la playa, en la exclusiva zona de Puerto Banus, muy próximo a la ciudad de Marbella y a 60 kms del aeropuerto de Málaga.

Habitaciones y servicios: 211 habitaciones dobles y 5 suites, todas exteriores con terraza, con aire acondicionado y calefacción, cuarto de baño completo, teléfono, minibar, radio y TV parabólica e interactiva.

Otras instalaciones: Salones para reuniones y banquetes. Amplios jardines tropicales. Piscinas cubierta y climatizada. Base náutica cercana.

Tenis y paddel. Fitness center, jacuzzi y sauna.

Bares y restaurante (cocina regional e internacional).

Parking y garaje privado.

¿Cómo se llama?
¿Dónde está?
¿Cómo es?
¿Qué hay?

ACTIVIDAD 11

Estudia la lista de símbolos de los servicios del hotel.

Habitaciones con ducha	Juegos diversos	10m. Distancia mar	Salón televisión
Habitaciones con baño	Piscina niños	Teléfono	Aire acond. en lugares públicos
200 m. Distancia playa	Juegos niños	Ascensor	Cine o vídeo
Primera línea playa	Calefacción	Bar o cafetería	Discoteca
Céntrico	Restaurante	Parking	Peluquería
Tiendas	Terraza o balcón	Piscina	Programa de entreteni mientos
Solárium	Servicio camareros	Aire acondic.	Deportes acuáticos
Jardín	Autoservicio	Tenis	Baile o sala de fiestas

ACTIVIDAD 12

Estudiante A: esta página
Estudiante B: página 228

Estudiante A:

1 Lee los detalles del Hotel Ariel Park. Estudiante B te pregunta sobre sus servicios.

2 Ahora pregunta a Estudiante B sobre el Hotel Torre Dorada.
Ejemplos: ¿Es grande?
   ¿Es moderno?
   ¿Hay piscina? etc.

3 Con tu compañero/a decide a qué hotel queréis ir.

HOTEL
ARIEL PARK ★★
RINCON DE LOIX, 12
BENIDORM   5628

NIÑOS GRATIS

A C T I V I D A D

13

Estás en uno de estos hoteles. Escribe una postal a un(a) amigo/a. Da la postal a otros grupos de compañeros.

¿De qué hotel escribe cada persona?

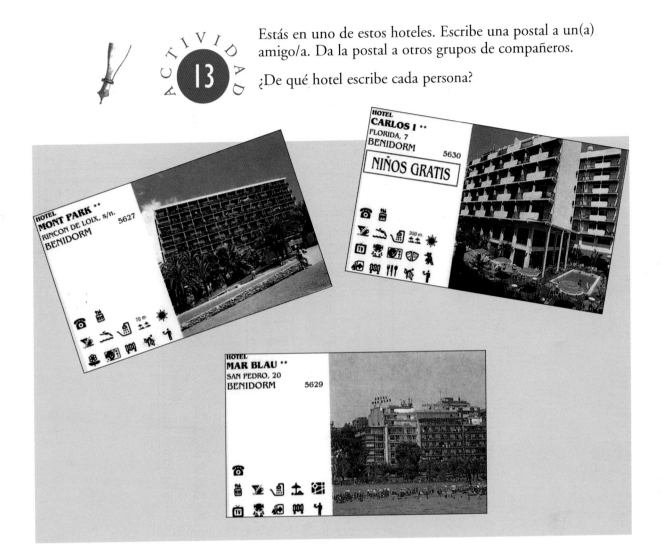

C El piso/la casa

¡Atención!

una casa =

un piso =

A C T I V I D A D

14

Un plano de un piso

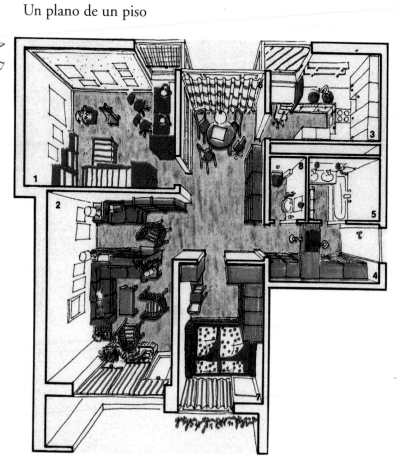

1 Habitación infantil
2 Salón
3 Cocina
4 Pasillo
5 Baño
6 Comedor
7 Dormitorio
8 WC

A C T I V I D A D

15

María Jesús describe su casa. La familia vive sobre el garaje donde trabaja su padre.

Completa la información.

Dormitorios	_____
_____	1
Salones	_____
_____	2
Cocinas	1

A C T I V I D A D **16**

¿En qué piso vives?

Vivo en el cuarto piso.

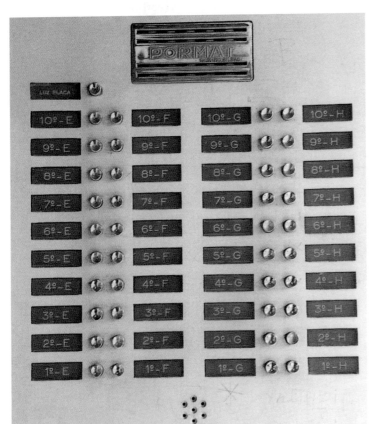

1$^{\underline{er}}$ primer piso (primero)
2$^{\underline{o}}$ segundo piso
3$^{\underline{er}}$ tercer piso (tercero)
4$^{\underline{o}}$ cuarto piso
5$^{\underline{o}}$ quinto piso
6$^{\underline{o}}$ sexto piso
7$^{\underline{o}}$ séptimo piso
8$^{\underline{o}}$ octavo piso
9$^{\underline{o}}$ noveno piso
10$^{\underline{o}}$ décimo piso

¡Atención!

planta baja   = *ground floor*

A C T I V I D A D **17**

Cuatro personas en un ascensor. ¿A qué piso van?
1   3
2   4

A C T I V I D A D **18**

Estudiante A: Dibuja un plano de tu casa o piso.
Describe tu casa o piso a Estudiante B.

Estudiante B: Escucha la descripción. Dibuja el plano de
Estudiante A.

Compara.

Cambia.

D Juan se cambia de casa

ACTIVIDAD 19

Verbos: **ser/estar** = *to be*

Estudia la diferencia entre estos verbos.

La casa **es** vieja
grande
bonita

La casa **está** sucia
desordenada
vacía
fría

La casa **está** limpia
ordenada
llena (de muebles)
caliente

¡Atención!

ser: La casa es grande (*The state does not change*)

estar: La casa está sucia (*The state can change or has changed*)

Forma frases con **es** o **está.**

El hotel $\left\{ \begin{array}{l} \text{es} \\ \text{está} \end{array} \right\}$
- grande
- lleno
- vacío
- viejo
- sucio
- bonito
- caro

Estudia los anuncios de pisos y casas y escribe la información en frases completas.

Ejemplo:

> ● **VENDO** piso. Zona Polígono de Levante. 4 dormitorios. Zona tranquila.

¡Atención!

vender = *to sell*
vendo = *I sell*
Se vende = *For Sale*

El piso está en la zona Polígono de Levante. Tiene cuatro dormitorios. Está en una zona tranquila.

Continúa.

● **VENDO** piso céntrico, 130 m², en C/ Diario de Córdoba. Precio 150.000€. 11€ de comunidad.

976 48 95 21

● **SE VENDE** piso zona Santa Rosa, 3 dormitorios, salón grande, cocina, despensa, lavadero y patio. Precio 89.000€.

● **VENDO** piso de 3 dormitorios, salón-comedor, c. de baño. Todo exterior. Completamente nuevo. Precio 99.000€. Llamar a partir de 7 tarde.

976 41 27 09

LA FRASE...
«*No tengo hogar, tengo casas, casas, casas...* »
(JULIO IGLESIAS)

ACTIVIDAD 22

CASAS EN VENTA

ARENYS D'EMPORDA(GERONA): 390.000€

Casa de piedra situada dentro del núcleo urbano. Tiene 500 m² de jardín. Consta de un semi-sótano para rehabilitar, con volta ampurdanesa, planta baja y un piso. Tiene instalación de agua y de electricidad. Está construida en piedra y la puerta de entrada es de madera. Se encuentra a 19 km de L'Escala y a ocho km de la autopista de Gerona, salida L'Escala.

(Teléfono: 93-257 52 04).

ALICANTE: 390.000€

Chalé con dos apartamentos independientes, situado muy cerca del mar. Está rodeado de un bonito jardín. También posee un garaje. En el piso superior las ventanas están protegidas por contraventanas.

(Teléfono: 96-525 61 76).

No 921/24-7-89

MADRIGUERA (SEGOVIA): 900.000€

Cerca de Riaza, casa de pueblo de 200 m² dentro de una parcela de 500 m². Consta de seis dormitorios, salón-comedor con el techo acristalado, cocina, baños y piscina. Está construida en piedra.

(Teléfo- no: 91-259 34 21).

COSTA D'EN BLANES (MALLORCA): 1.500.000€

Junto al Puerto Portals, chalé a estrenar en un solar de 780 m². Consta de tres dormitorios, dos baños, un aseo, garaje con amplia capacidad y piscina. Las ventanas están protegidas con toldos.

(Teléfono: 971-67 58 62).

GUERNICA (VIZCAYA): 1.200.000€

Antigua casa señorial de unos 500m² habitables. Está situada en el centro de Guernica dentro de una parcela de mil m². En la fachada de piedra tiene un escudo. También tiene dos balcones.

(Teléfono: 94-424 73 18).

CAMPELLO (ALICANTE): 900.000€

Chalé de 398 m² construidos. Tiene seis dormitorios, baños, aseos, terrazas, estudio y solarium. Consta de dos apartamentos independientes. Las ventanas del piso inferior están protegidas con rejas.

(Teléfono: 96-563 36 13).

PLAYA DE SAN JUAN (ALICANTE): 1.800.000€

Chalé de 250 m² construido dentro de una parcela de 3.710 m². Consta de ocho dormitorios, dos baños, cocina con office, salón-comedor, trastero, calefacción.

(Teléfono: 96-563 24 78).

¡Atención!

La casa más grande = *The biggest house*
¿Cuál? = *Which?/Which one?*

1 ¿Cuál es la casa más grande?
pequeña?
cara?
barata?
2 ¿Cuál está cerca de la playa?
3 ¿Cuál es la casa noble?
4 ¿Qué casas tienen apartamentos?
piscina?
5 ¿Cuál está cerca de la autopista?

A C T I V I D A D
23

Escribe una descripción de tu casa para una revista de intercambio de casas de vacaciones.

Tiene _____   Es _____

Hay _____   Está _____

EN CASA O EN CLASE

A C T I V I D A D
24

Lee los anuncios siguientes de un folleto de casas de vacaciones.

Elige la casa ideal para:

1 una pareja sin niños con poco dinero.
2 un grupo de seis amigos. Necesitan tres habitaciones y sólo quieren desayunar en la casa de huéspedes.
3 una familia con tres hijos adultos. Pensión completa.

Viviendas De Turismo Rural

LOCALIDAD: *Alberuela de la Liena*   **PROVINCIA:** **Huesca**
TITULAR: Rodellar Buera, Fco.   N° HAB.:   **4**
DOMICILIO: Santa Orosia, 19   TFNO.   31.80.53
TEMPORADA: 1-7/30-9

Precios por servicio/día + Iva
HAB. DOBLE: **55**   COMIDA: **13**   PENS. COMPLETA: **65**   DESAYUNO: **6**

LOCALIDAD: *Anso*   **PROVINCIA:** **Huesca**
TITULAR: Ipas Ornat, Enrique   N° HAB.:   **6**
DOMICILIO: Chapitel, 8   TFNO.   37.00.49
TEMPORADA: 1-1/31-12

Precios por servicio/día + Iva
HAB. DOBLE: **108**   COMIDA: **16**   PENS. COMPLETA: DESAYUNO: **10**

LOCALIDAD: *Ardanue*   **PROVINCIA:** **Huesca**
TITULAR: Cierco Roso, Jose   N° HAB.:   **3**
DOMICILIO:
TEMPORADA: 1-7/30-9
+3 Meses Libre

Precios por servicio/día + Iva
HAB. DOBLE: **70**   COMIDA: PENS. COMPLETA: DESAYUNO: **7,50**

LOCALIDAD: *Benasque*   **PROVINCIA:** **Huesca**
TITULAR: Gabas Solana, Marcial   N° HAB.:   **5**
DOMICILIO: El Castillo, 17   TFNO.   55.12.75
TEMPORADA: 1-7/30-9
+3 Meses Libre

Precios por servicio/día + Iva
HAB. DOBLE: **65**   COMIDA: PENS. COMPLETA: DESAYUNO: **6**

LOCALIDAD: *Bierge*   **PROVINCIA:** **Huesca**
TITULAR: Viñuales, Felix   N° HAB.:   **5**
DOMICILIO: Oriente, S/N   TFNO.   31.81.07
TEMPORADA: 1-7/30-9
+3 Meses Libre

Precios por servicio/día + Iva
HAB. DOBLE: **70**   COMIDA: **16**   PENS. COMPLETA: **85**   DESAYUNO: **6**

LOCALIDAD: *Fragen*   **PROVINCIA:** **Huesca**
TITULAR: Lopez Lalaguna, Antonio   N° HAB.:   **6**
DOMICILIO: Unica, S/N   TFNO.   48.61.69
TEMPORADA: 1-7/30-9
+3 Meses Libre

Precios por servicio/día + Iva
HAB. DOBLE: **80**   COMIDA: PENS. COMPLETA: DESAYUNO: **6**

LOCALIDAD: *Gistain*   **PROVINCIA:** **Huesca**
TITULAR: Palacín Castillo, Joaquín   N° HAB.:   **3**
DOMICILIO: Moreras, 10
TEMPORADA: 1-7/30-9
+3 Meses Libre

Precios por servicio/día + Iva
HAB. DOBLE: **50**   COMIDA: PENS. COMPLETA: DESAYUNO: **5,50**

El Refugio de Carlos Checa (piloto catalán)

1 ¿Dónde está la casa?

2 ¿Qué tiene?

3 ¿Cómo es la casa?

EL REFUGIO DE CARLOS CHECA

Carlos Checa, el piloto catalán, en su refugio del Bagés.

Carlos Checa vive en una masía catalana del siglo X que ha sido restaurada varias veces. Está situada en la comarca catalana de Bagés.

1 *Carlos al borde de la piscina con la casa al fondo.*

2 *Carlos en el salón principal y al calor de la chimenea.*

Vocabulario para la próxima lección

Los días de la semana: lunes
                                       martes
                                       miércoles
                                       jueves
                                       viernes

El fin de semana: sábado
                                       domingo

Gramática

VERBO: **ser** = *to be*

(Yo)	**soy**	(Nosotros/as)	**somos**
(Tú)	**eres**	(Vosotros/as)	**sois**
(Él/Ella/Vd)	**es**	(Ellos/Ellas/Vds)	**son**

Contrast **ser** *and* **estar** *and their use with adjectives of quality:*

permanent states that cannot change take **ser**

La casa **es** grande

temporary states that can change, or are the result of a change, take **estar**

La casa **está** limpia

¿Cómo es?	*What's it like?*
¿Cómo está?	*What's does it look like?*
	feel
	taste

But: ¿Dónde **está?**   *for places (see* Lección 3*)*

Vocabulario

Verbos	**Verbs**		
estar	*to be (state)*	comprar	*to buy*
cambiar	*to change*	poder	*to be able*
cenar	*to have dinner/supper*	puedes ver	*you can see*
comer	*to eat (to have lunch)*	trabajar	*to work*
desayunar	*to have breakfast*	ver	*to see*
		vender	*to sell*

El hotel y la casa

El hotel y la casa	*The hotel and the house*
una habitación (individual/doble)	*a (double/single) room*
dormitorio	*bedroom*
salón (m)	*sitting room*
comedor (m)	*dining room*
cocina	*kitchen*
pasillo	*hallway, corridor*
balcón (m)	*balcony*
terraza	*terrace*
noche (f)	*night*
(con) baño	*(with) bathroom*
ducha	*shower*
bañera	*a bath*
carnet (m) de identidad	*identity card*
persona	*person*
pensión completa (f)	*full board*
media pensión	*half board*
desayuno	*breakfast*
comida	*lunch (main meal of the day)*
cena	*dinner, supper*
ascensor (m)	*lift, elevator*
piso	*flat*
apartamento	*apartment*
jardín (m)	*garden*
playa	*beach*
planta baja	*ground floor*
sótano	*basement*

Adjetivos / *Adjectives*

grande	*big*
pequeño/pequeña	*small*
bonito/bonita	*pretty, nice*
moderno/moderna	*modern*
cómodo/cómoda	*comfortable*
incómodo/incómoda	*uncomfortable*
ordenado/ordenada	*tidy*
desordenado/desordenada	*untidy*
limpio/limpia	*clean*
sucio/sucia	*dirty*
lleno/llena	*full*
vacío/vacía	*empty*
frío/fría	*cold*

caliente	*hot*
caro/cara	*expensive*
barato/barata	*cheap*

El tiempo / *Time*

la fecha	*the date*
un año	*a year*
un mes	*a month*
una semana	*a week*
un día	*a day*
una hora	*an hour*
un minuto	*a minute*
un segundo	*a second*

Los meses / *Months*

enero	*January*
febrero	*February*
marzo	*March*
abril	*April*
mayo	*May*
junio	*June*
julio	*July*
agosto	*August*
septiembre	*September*
octubre	*October*
noviembre	*November*
diciembre	*December*
quinto/quinta	*fifth*
sexto/sexta	*sixth*
séptimo/séptima	*seventh*
octavo/octava	*eighth*
noveno/novena	*ninth*

Preguntas / *Questions*

¿Cómo se llama?	*What's it called?*
¿Dónde está?	*Where is it?*
¿Cómo es?	*What's it like?*
¿Qué hay?	*What is there?*
¿Cuál es?	*Which one is it?*
¿Cuánto cuesta?	*How much does it cost?*
¿Cuánto es?	*How much is it?*
cada	*each, every*
programa (m) de actividades	*programme of activities*
para una noche	*for one night*
para una persona	*for one person*

5

¿Qué haces?

> Routines
> The working day
> Time
> Free time
> Describing a person's character
> Describing what people and things are like

A Y tú, ¿trabajas?

ACTIVIDAD 1

Alicia habla de su trabajo.

Rosa ¿Qué haces, Alicia? ¿Trabajas?

Alicia Sí, trabajo en una tienda, es una papelería.

Rosa ¿Y qué horario tienes?

Alicia Trabajo de nueve a una y de cuatro a ocho por la tarde.

Rosa Trabajas mucho, ¿no?

Alicia Sí, pero tengo tres horas libres a mediodía para comer.

Rosa ¿Vives cerca de la tienda?

Alicia Sí, vivo muy cerca.

Rosa ¿Y vas a casa a mediodía?

Alicia Generalmente, sí. Como en casa a las dos, más o menos.

Preguntas:

1 ¿Dónde trabaja Alicia?

2 ¿Cuántas horas trabaja?

3 ¿Cuántas horas libres tiene a mediodía?

4 ¿Dónde come?

¡Atención!

trabajar	= *to work*		
-mente	= *-ly*	normalmente	= *normally*
generalmente	= *generally*	finalmente	= *finally*

Verbos regulares (-ar, -er, -ir)

	trabaj**ar**	com**er**	viv**ir**
Yo	trabaj-**o**	com-**o**	viv-**o**
Tú	-**as**	-**es**	-**es**
Él/Ella/Usted	-**a**	-**e**	-**e**

Alicia trabaja en una tienda.

Alicia come en casa.

Alicia vive en Zaragoza.

Practica con un(a) compañero/a. Contesta.

Verbos: trabajar, vivir, comer, estudiar.

1 ¿Dónde _____ Juan?

_____ con su familia en Madrid.

2 ¿Dónde _____ tú?

_____ en el Instituto Goya.

3 ¿Dónde _____ la familia Nogueras?

_____ en un restaurante.

4 ¿Dónde _____ tú?

_____ en Sevilla.

5 ¿Dónde _____ usted?

_____ en una estación.

Describe tu vida.

Ejemplo: Trabajo en un bar ¿y tú?

Escucha a estas personas. Contestan preguntas sobre sus vidas. Completa el cuadro.

	Charo	Luisa	Ana	Tomás
Vive en . . .				
Come en . . .				
Trabaja . . .				
Estudia . . .				
Compra revistas de . . .				
Escucha música de . . .				
Tiene . . . hermanos				

¡Atención!

comprar = *to buy*

¿Qué preguntas son?

ACTIVIDAD 5

Copia el cuadro de Actividad 4 y escribe los nombres de tres amigos dentro del cuadro. Pregúntales y después di la información al resto de la clase.

B ¿Qué hora es?

ACTIVIDAD 6

La hora

¿Qué hora es?

Es la una (en punto).   Son las nueve.   Son las doce.   Son las dos.

04.00   Son las cuatro de la mañana.
16.00   Son las cuatro de la tarde.
23.00   Son las once de la noche.

ACTIVIDAD 7

¿Qué hora es?

1 18.00 **2** 15.00 **3** 05.00 **4** 19.00
5 13.00 **6** 07.00 **7** 23.00 **8** 08.00

Ejemplo:
1 Son las seis de la tarde.

ACTIVIDAD 8

06.15 Son las seis y cuarto.
06.25 Son las seis y veinticinco.
06.30 Son las seis y media.
06.35 Son las siete menos veinticinco.
06.45 Son las siete menos cuarto.

¿Qué hora es?

1 13.45 **2** 18.30 **3** 23.45
4 08.10 **5** 17.25 **6** 08.40

Ejemplo:
1 Son las dos menos cuarto de la tarde.

¡Atención!

Son las siete menos cuarto
= *It's a quarter to seven (literally: seven less a quarter)*

ACTIVIDAD 9

Escucha y escribe la hora.

1 14.30
2
3
4
5
6
7
8

ACTIVIDAD 10

Estudiante A: esta página
Estudiante B: página 229

Estudiante A: Di estas horas.
1 03.15 **2** 06.45 **3** 19.25 **4** 15.45 **5** 09.35
6 12.00

Estudiante B las escribe.
Comprueba.
Ahora Estudiante B te dice unas horas.
Comprueba.

C ¿Qué haces cada día?

ACTIVIDAD 11

Dos verbos importantes **Verbos irregulares**

	Hacer = *to do/to make*	**Ir** = *to go*
(Yo)	**hago**	**voy**
(Tú)	**haces**	**vas**
Él/Ella/Usted	**hace**	**va**

¡Atención!

a + el = al

Voy al gimnasio. = *I'm going to the gym.*

¿Adónde vas?

¿Qué haces en el gimnasio?

Voy al gimnasio.

Hago gimnasia.

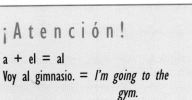

ACTIVIDAD 12

¿Cómo es el día de Virginia?

1 Escucha y escribe la hora.
2 Escucha y anota los verbos nuevos.

¡Atención!

Hacer deberes	=	*to do homework*
Hago mis deberes	=	*I do my homework*
¿A qué hora haces los deberes?	=	*At what time do you do your homework?*
a las nueve	=	*at nine o'clock*

Verbos: **levantarse** (**Me levanto** a las siete)
            salir* (**Salgo** a las ocho)
            llegar (**Llego** a las nueve)
            volver* (**Vuelvo** a la una y media)
            acostarse* (**Me acuesto** a las once).

* *irregular verbs*

3 Ahora escucha el día de Charo e indica las diferencias con el día de Virginia.

ACTIVIDAD 13

Pregunta a un(a) compañero/a.

¿Qué haces durante la semana? (lunes, martes, miércoles, jueves, viernes)
¿Y los fines de semana? (sábado y domingo)

ACTIVIDAD 14

¿Qué haces? ¿Dónde vas los fines de semana?

Pon el número del diálogo debajo de la foto correcta.

¡Atención!

el lunes voy a clase	=	*on Mondays I go to classes*
el martes a trabajar	=	*on Tuesdays to work*

D ¿Cómo eres?

Estas palabras describen el carácter de una persona.

¡Atención!	
simpático	= nice
un chico simpático	= a nice boy (not 'sympathetic')
sensible	= sensitive (not 'sensible')

Un chico responsable
inteligente
sincero
simpático
trabajador
nervioso
tímido
fuerte
optimista
tranquilo
sensible

Una chica _____

Ahora completa una lista para una chica.
Recuerda que los adjetivos concuerdan.
Compara las listas con tus compañeros/as.

María Teresa describe a sus dos amigos, Tomás y Virginia.
Escucha e indica las palabras que usa de las listas de
Actividad 15.
Escucha la pronunciación.

Virginia trabaja como 'au pair' en Inglaterra.
Escribe una carta a su amiga Charo, en España.
Lee la carta.

1 ¿Cómo es la familia?
2 ¿Cómo es el perro?
3 ¿Cómo es su profesor?
4 ¿En qué aspectos es su vida en Inglaterra diferente a su
vida en España? (Ver Actividad 12)

Londres 26 de Marzo

Querida Charo:
¿Qué tal estás? Espero que bien. Yo estoy
muy bien. Londres es muy bonito y la gente es
muy simpática.
La vida es muy diferente aquí, pero me
gusta mucho.
Vivo con una familia inglesa; son el padre,
la madre, una niña y el perro y trabajo como au-
pair. Toda la familia es muy simpática y genero-
sa, la niña es muy buena pero el perro es un poco antipático y nervioso. Todos los días voy al
parque con la niña y el perro.
Voy a clases de inglés por las tardes a
una academia y tengo un profesor excelente. los
horarios son muy diferentes por ejemplo sólo tengo
una hora para comer, y como a las doce, la cena es
muy pronto también a las seis y media. Es un problema para mí, que en España ceno a las diez. Aquí
también voy a la cama muy pronto. Las distancias
son enormes y no puedo salir todas las tardes como
en España, pero salgo los fines de semana con mis
amigas y hablo mucho inglés
Escríbeme pronto
Un abrazo:

Virginia

Escribe una carta a tu amigo/a español(a).
Describe tu vida en Inglaterra.
¿Es diferente?
(Mira los verbos en Actividad 12.)

Lee el 'Astrorretrato' para Josefina Duarte
¿Cuántos años tiene?
¿Cuándo es su cumpleaños?
¿Cómo es?

¡Atención!

su = *his/her*

JOSEFINA DUARTE
18-3-1978

Por PISCIS, femenina, romántica, simpática. Por ESCORPIO (su ascendente) carismática, complicada, hipnótica, irresistible.

Ahora lee el párrafo de Josefina al final de la página.
Lee el 'Astrorretrato' de Roberto Rojas y escribe un párrafo similar.

ROBERTO ROJAS
19-4-1971

Como ARIES, apasionado, recio, franco. Como PISCIS (su ascendente), emotivo, sensible, soñador.

Josefina Duarte

Su cumpeaños es el dieciocho de marzo y su signo es Piscis.
Es una mujer femenina y romántica. También es carismática, complicada, hipnótica e irresistible.

ACTIVIDAD 20

En un papel, escribe un párrafo corto sobre ti. Escribe qué haces y una descripción corta de tu carácter. No escribas tu nombre.

Mezcla los papeles con tus compañeros y toma el papel de un(a) compañero/a. Lee la descripción y adivina de quién es. Repite.

EN CASA O EN CLASE

ACTIVIDAD 21

24 horas con Corín Tellado

Preguntas

1 ¿Cómo es?
2 ¿Cómo es su casa?
3 ¿Cómo es su vida?

Es una mujer fuerte y enérgica. Tiene 61 años. Dicen que es la escritora española más leída después de Cervantes. Tiene más de tres mil quinientas novelas traducidas a siete idiomas. Escribe historias de amor.

Vive a cinco kilómetros de Gijón, la capital asturiana. Desde su casa de dos plantas se ve a un lado la ciudad y al otro lado el campo. Tiene una piscina, una pista de tenis, y un jardín muy grande. En el garaje, en una pequeña habitación, tiene todos sus libros.

Corín dice que no es millonaria y que trabaja para vivir. Está separada de su marido. Todo es para sus hijos, Begoña de veintisiete años, periodista, casada, y Txomín, de veintiséis años, que es abogado.

Escribe desde los diecisiete años y no corrige ni repite nada. A veces escribe una novela en menos de una semana. Se levanta a las siete de la mañana y no desayuna. Trabaja toda la mañana y toma un café a las nueve. A la una y media su nieto Julio llega a casa del colegio y juega con él. A las dos llega su hija y a las tres comen. Generalmente come en casa pero hoy va a un restaurante.

No trabaja después de comer. Por la tarde hace unas compras o da un paseo. Después trabaja en su jardín. Por la noche, cena muy poco y después de cenar, lee. Prefiere la buena literatura.

¿Sí o no? (Si pones **no**, corrige la frase.)
1 Vive en la ciudad.
2 Tiene dos hijos.
3 Normalmente come en casa.
4 Vive sola.
5 Escribe por la noche.
6 Sus libros son muy populares.

¿Qué significan estos números en el artículo?

1 3.500   **2** 61   **3** 5   **4** 27   **5** 7

¿Qué más puedes decir sobre su familia, su trabajo y su casa?

Vocabulario para la próxima lección

Los colores

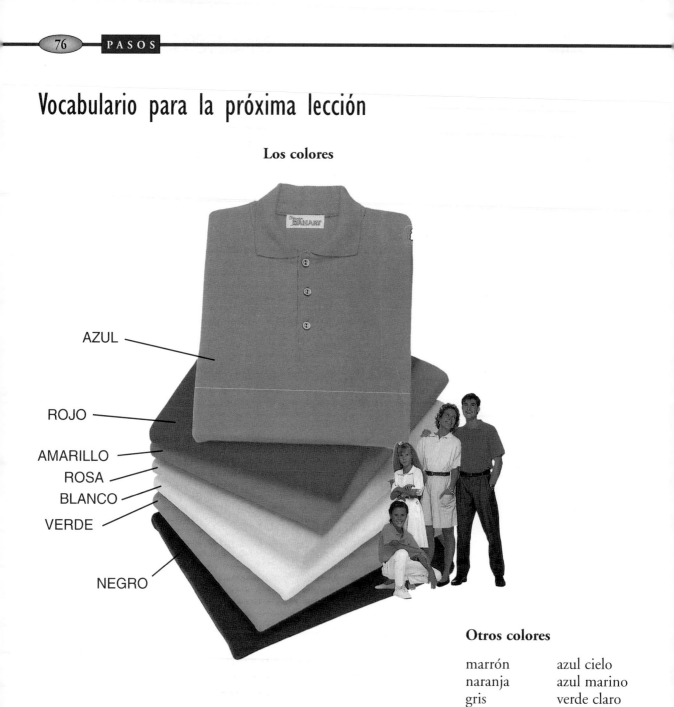

AZUL

ROJO

AMARILLO

ROSA

BLANCO

VERDE

NEGRO

Otros colores

marrón	azul cielo
naranja	azul marino
gris	verde claro
granate	verde oscuro

Gramática

VERBOS REGULARES: **-ar, -er, -ir** *(see page 249)*

trabaj**ar**/compr**ar**/tom**ar**/termin**ar**/cen**ar**

Yo	**trabajo**	Nosotros/as	**trabajamos**
Tú	**trabajas**	Vosotros/as	**trabajáis**
Él/Ella/Usted	**trabaja**	Ellos/Ellas/Vds	**trabajan**

com**er**/le**er**

como	**comemos**
comes	**coméis**
come	**comen**

viv**ir**/escrib**ir**

vivo	**vivimos**
vives	**vivís**
vive	**viven**

DOS VERBOS IRREGULARES: **hacer, ir** (*see page 251*)

hacer	**hago**	**hacemos**
	haces	**hacéis**
	hace	**hacen**

ir	**voy**	**vamos**
	vas	**vais**
	va	**van**

For more irregular verbs, see the Grammar Section on page 250.

VERBOS REFLEXIVOS: **levantarse** = *to get up (literally: to get oneself up)*

(Yo)	**me levanto**	(Nosotros/as)	**nos levantamos**
(Tú)	**te levantas**	(Vosotros/as)	**os levantáis**
(Él/Ella/Usted)	**se levanta**	(Ellos/Ellas/Vds)	**se levantan**

WORD ORDER OF ADJECTIVES:

un hombre simpático
una chica joven

ADJETIVOS:

M	F
simpátic**o**	simpátic**a**
pacient**e**	pacient**e**
trabajad**or**	trabajad**ora**
optim**ista**	optim**ista**

TIME:

Es la una (de la tarde)
Son las ocho (de la mañana)
Son las nueve **y** cuarto
Son las nueve **menos** cuarto

a las ocho = *at eight o'clock*
Voy a clase a las ocho = *I go to class at eight o'clock*

Vocabulario

Verbos	**Verbs**
acostarse	to go to bed
escuchar	to listen to
estudiar	to study
hablar	to speak
hacer	to do
levantarse	to get up
llegar	to arrive
salir	to leave home, to go out
volver	to return

Descripciones	**Descriptions**
un chico	a boy
una chica	a girl
fuerte	strong
inteligente	intelligent
nervioso/nerviosa	nervous, excitable
optimista	optimistic
responsable	responsible
sensible	sensitive
simpático/simpática	nice, pleasant
sincero/sincera	sincere
tímido/tímida	shy
trabajador/trabajadora	hardworking
tranquilo/tranquila	calm

Profesiones	**Jobs**
escritor/escritora	writer, author

periodista (m/f)	journalist
abogado/a	lawyer
trabajo	work
deberes (m)	homework
tienda	shop
papelería	stationer's
horario	timetable, work programme
el fin de semana	the weekend
la mañana	the morning
el mediodía	midday
la tarde	the afternoon
aspecto	aspect
el campo	the countryside
una carta	a letter
cumpleaños (m)	birthday
gimnasia	gymnastics
gimnasio	gymnasium
historia	story
idioma (m)	language
música	music
un perro	a dog
revista	magazine
libre	free
un día libre	a day off
desde	from
desde la casa	from the house

6

¿ Algo más ?

Shopping
Types of shops/types of produce
Weight/quantity
Asking and saying how much
Clothes: describing and buying
Describing a person's appearance

A De compras

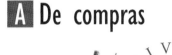

Escribe una lista en español de estos productos.

A C T I V I D A D 2

En la tienda.

¿Qué compra?
¿Cuánto compra?
¿Cuánto es?
¿Qué compra que no está en tu lista?

> ## ¡Atención!
> Deme = *Give me (formal)*
> Deme un kilo de naranjas = *(Could you) give me a kilo of oranges*

Cliente	Buenos días. Deme una botella de aceite, por favor.
Dependienta	¿De litro?
Cliente	Sí, de litro.
Dependienta	¿Algo más?
Cliente	Sí. Cien gramos de jamón y media docena de huevos.
Dependienta	Vale. ¿Alguna cosa más?
Cliente	No. Nada más. ¿Cuánto es?
Dependienta	Son novecientas pesetas.

A C T I V I D A D 3

Las tiendas de comida

¿Qué puedes comprar? y ¿dónde puedes comprarlo? Une las listas.

Las tiendas	**La comida**
1 La verdulería	a Los pasteles
2 La carnicería	b El pescado
3 La panadería	c La verdura
4 La pescadería	d El pan
5 La frutería	e La carne
6 La pastelería	f La fruta

Ejemplo: 1c

Escribe estos productos en la lista correcta.

verdura	fruta	pescado	carne
naranjas	cordero	manzanas	salchichas
patatas	tomates	lomo	cebollas
bacalao	merluza	coliflor	peras
pollo	sardinas	plátanos	trucha

Escucha y comprueba.

A C T I V I D A D 4

¡Atención!

el pollo	los pollos
la manzana	las manzanas
el, la, los, las = *the*	

A C T I V I D A D 5

1 Peso

un kilo de (plátanos)
medio (kilo) de . . .
cuarto (kilo) de . . .
cien gramos de . . .

2 Líquido

un litro de (aceite)
medio litro de (vinagre)

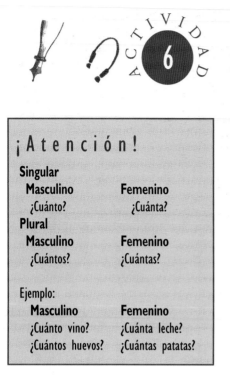

ACTIVIDAD 6

¿Qué cantidad de estos productos compras? Une las listas.

A		B
1 100 gramos		**a** leche
2 ¼ kilo		**b** plátanos
3 ½ kilo	de	**c** queso
4 1 litro		**d** jamón
5 1 kilo		**e** zanahorias

¡Atención!

Singular

Masculino	Femenino
¿Cuánto?	¿Cuánta?

Plural

Masculino	Femenino
¿Cuántos?	¿Cuántas?

Ejemplo:

Masculino	Femenino
¿Cuánto vino?	¿Cuánta leche?
¿Cuántos huevos?	¿Cuántas patatas?

Escucha y comprueba.

ACTIVIDAD 7

Elige cinco de los productos de Actividad 4. Escribe una lista de compras. Incluye la cantidad de cada producto. Trabaja con un(a) compañero/a.

A: Un kilo de zanahorias por favor.
B: (Escribe el nombre del producto y la cantidad.)
　　¿Algo más?
A: Sí, un litro de . . . etc.

ACTIVIDAD 8

Une las listas.

una lata		mermelada
media docena		patatas fritas
una caja	de	olivas
un bote		galletas
un paquete		huevos

Estudia la foto en la página 79.

¿Cuántas latas hay?
¿Cuántas botellas?
¿Cuántos botes?
¿Cuántos paquetes?
¿Cuántas cajas?

B ¿Cuánto es?

Los números

Escucha.

100	cien
120	ciento veinte
145	ciento cuarenta y cinco
200	doscientos/as
300	trescientos/as
400	cuatrocientos/as
500	quinientos/as
610	seiscientos/as diez
700	setecientos/as
888	ochocientos/as ochenta y ocho
900	novecientos/as
1000	mil
1200	mil doscientos/as

ACTIVIDAD 9

¡Atención!

trescientos litros
trescientas botellas

Escucha el anuncio.
Completa la lista (algunos de los precios y algunos de los productos faltan).

La lista y la cuenta:

Estudiante A: estas dos páginas
Estudiante B: página 229

1 **Estudiante A:** Tú tienes la cuenta. Estudiante B tiene la lista de compras.

Ejemplo:

B: ¿Cuánto vale el pan?
A: El pan vale cincuenta y cuatro céntimos.
B: ¿Cuánto valen las naranjas?
A: Valen tres euros veinticinco.

Estudiante B escribe los precios en la lista. Compara la lista y la cuenta.

¡Atención!

¿Cuánto vale? = *How much is that?*
¿Cuánto vale la leche? = *How much is the milk?*
¿Cuánto valen las patatas? = *How much are the potatoes?*
valer = *(literally) to be worth*

```
64704919   3   0583   1488132
                                        0,42
   10   CARNES EMPA      1             3,07
   10   CARNES EMPA      1             3,30
    9   CARNES PESO      1             4,90
    8   FIAMBRES         1             5,85
    6   PESCADERIA       1             6,09
    7   QUESOS           1             3,77
   10   CARNES EMPA      1             2,81
    5   FRUTERIA         1             1,95
  005   M. ESP. VERDE    1             2,46
  005   PIÑA PIEZA       1             1,38
    5   FRUTERIA         1             1,26
  005   CEBOLLETAS       1             2,28
  005   PATATA NUEVA     2             3,25
  005   NARANJAS 4KG.    1             1,17
  001   LENTEJAS         1             0,58
  002   PAN CINTA        2             0,54
  002   BARRA PAN        2             1,96
    5   FRUTERIA         1
                   TOTAL COMPRA  47,13


64704919  9   0583    1488132    29ABR
     1 4 6 9 5 0 0 1 1 1
                   TOTAL COMPRA    47,13
                                     797
              CARGO EN CTA5

     5797
            MUCHAS GRACIAS POR SU VISITA
```

2 Estudiante A: Tú tienes la lista. Estudiante B tiene la cuenta.

Queso
pescado
naranjas
limones

ACTIVIDAD 12

| PESCADO 76,83 | FRUTAS FRESCAS 88,27 | LECHE Y DERIVADOS 143,37 | CARNE 287,89 | TOTAL 1.039 |

PATATAS Y HORTALIZAS 75,90

PAN 65,39

ACEITE 52,92

HUEVOS 31,09

RESTO ALIMENTOS 217,30

LO QUE COMEMOS
(EUROS POR CIUDADANO AL AÑO)

La carne es el producto en el que más se gasta

Barcelona es la capital española en la que se gasta más dinero en la alimentación

Cada año aumenta el consumo de frutas, leche y pescado, mientras disminuye el de pan y azúcar

1 ¿Qué significan estos números?
   57   121   16   3º (tercero)   103   30
2 ¿Dónde compran más comida en España?
3 Escribe una lista de los productos mencionados en el artículo (en orden).
4 Los españoles son diferentes del resto de Europa, ¿en qué?

LO QUE COMEMOS

Cada ciudadano de este país gasta en productos alimenticios casi 1.039 euros al año. En conjunto, la población española gasta al año en alimentación más de 40 millones de euros.

El gasto en alimentación varía por regiones. Los ciudadanos que más se gastan en comer son, en general, los que residen en el noroeste y el noreste del país.

El mayor gasto corresponde a la carne; cada español come 57 kilos de carne al año. El consumo per cápita de leche está actualmente en 121 litros. Compramos al año 16 kilos de productos lácteos, como yogur, aunque comemos muy poca mantequilla y menos queso que en el resto de Europa.

Las frutas son el tercer producto en orden de importancia. Cada español come al año 103 kilos de frutas frescas – de los que 30 kilos corresponden sólo a naranjas.

España es el tercer país de Europa por consumo de pescado, detrás de Dinamarca e Irlanda.

En general, se consume mucha más fruta y verdura que en el resto de Europa.

C Más tiendas

ACTIVIDAD 13

¿Qué puedes comprar en estas tiendas? Sigue las líneas.

un estanco

una farmacia

una papelería

artículos de limpieza

sellos

artículos para la oficina

una droguería

medicinas

Vocabulario

ACTIVIDAD 14

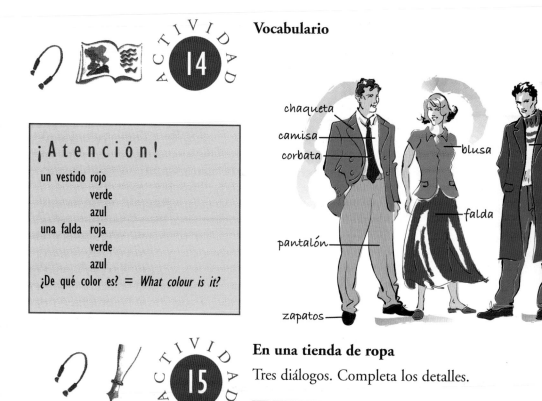

ACTIVIDAD 15

En una tienda de ropa

Tres diálogos. Completa los detalles.

	Artículo	Color	Talla	Precio	¿Sí o No?
Tienda 1					
Tienda 2					
Tienda 3					

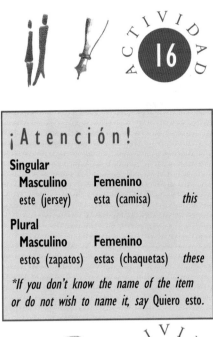

Elige de la ropa de Actividad 14.

Ejemplo:
A: Quiero este abrigo.
B: Sí. ¿Qué talla?
A: La 42.
B: ¿En este color?
A: No. En azul, por favor.

Continúa.

¡Atención!

Singular

Masculino	Femenino	
este (jersey)	esta (camisa)	*this*

Plural

Masculino	Femenino	
estos (zapatos)	estas (chaquetas)	*these*

*If you don't know the name of the item or do not wish to name it, say Quiero esto.

¿Qué lleva?

Verbo: **llevar** = *to wear, to carry*

¿Qué lleva? = *What is he/she wearing?*
Lleva pantalón (negro) = *He/She is wearing (black) trousers*

1 Estudiante A: Describe a uno de los cuatro chicos a Estudiante B, sin decir qué chico es.

Estudiante B: ¿A qué chico describe Estudiante A?

2 Estudiante B: Describe a una de las cuatro chicas a Estudiante A, sin decir qué chica es.

Estudiante A: ¿A qué chica describe Estudiante B?

Ahora describe a otro/a chico/a

Elige a un(a) compañero/a. Mira lo que lleva. Después, sin mirar, intenta describirle.

A: Llevas un jersey.
B: ¿De qué color es?
A: Negro.
B: Sí.

Continúa.

D ¿Cómo es físicamente?

20

alto	delgado	moreno
alta	delgada	morena
bajo	gordo	rubio
baja	gorda	rubia

21

Ahora describe a un(a) compañero/a de clase, sin decir quién es.
(¿Cómo es? ¿Qué lleva?)
Los/Las compañeros/as adivinan quién es.

22

Busca una foto de una persona de una revista.
Con un(a) compañero/a, escribe una descripción de la persona en un papel.
Mezcla las fotos y las descripciones de toda la clase.
Con un(a) compañero/a, une las fotos con las descripciones.

E ¿A qué hora abre?

ACTIVIDAD 23

HORARIO
Lunes a Sabado:
Mañana: de 10,30 a 13,30h.
Tarde: de 17,00 a 20,00h.

Domingos y Festivos:
Mañana: de 10,30 a 14,00h.
Tarde: Cerrado

¡Atención!

Verbos irregulares

-e- → -ie-
(as *in* cerrar → cierra)

cerrar: cierro	**empezar:** empiezo
cierras	empiezas
cierra	empieza
cerramos	empezamos
cerráis	empezáis
cierran	empiezan

Cuatro verbos nuevos

abrir	*to open*
cerrar	*to close*
empezar	*to start*
terminar	*to finish*

¿A qué hora abre la tienda?
¿A qué hora cierra la tienda?
La tienda abre a las nueve de la mañana y cierra a la una.

¡Atención!

abierto = *open*
cerrado = *closed*

¿A qué hora empieza la película?
¿A qué hora termina la película?
La película empieza a las cuatro y termina a las seis.

EN CASA O EN CLASE

La tienda en casa

ACTIVIDAD 24

Páginas para todos los gustos

En la actualidad hay 22.540 páginas comerciales en Europa aunque de momento, en España, vamos por detrás de Estados Unidos y de los países nórdicos. Estas son algunas de las mejores páginas de comercio electrónico:

LAS DE AQUÍ...

DE TODO

www.viaplus.es Desde electrónica hasta viajes, pasando por gafas de sol o cosmética. Tiene una sección de ofertas muy interesante.
●Otros. www.cybercentro.es, www.dondecomprar.com

INFORMÁTICA

www.optize.es Tiene cerca de 25.000 productos –ordenadores, impresoras, ratones...– a precio de coste actualizado, a los que se añade una pequeña comisión que se lleva la tienda.
●Otros. www.pctiendas.com, tsoft.megastorevirtual.com, www.obipc.com

VIAJES

www.madeinspain.net Aquí se obtiene información sobre alojamiento, alquiler de coches y viajes. Se puede reservar 'on line' o por teléfono.
●Otros. www.solmelia.com, www2.barcelo-viajes.es, www.go-fly.com

DEPORTE

www.barrabes.es Página dedicada a los amantes del esquí y la montaña. Se puede comprar a buen precio, leer su revista y estar al tanto de los eventos.
●Otros. www.tiendamarca.com, www.area-sport.com, www.sportarea.com

¿Qué página . . .

1 ofrece ratones?
2 vende una gran variedad?
3 ofrece descuentos?
4 ofrece la posililidad de organizar tu estancia en el hotel?
5 te informa de los deportes de invierno?

ACTIVIDAD 25

Escribe un párrafo sobre las tiendas de tu ciudad y sus horarios.

Vocabulario en casa

En un supermercado o unos grandes almacenes

Gramática

AGREEMENT:

¿Cuánto jamón? (m sing) ⎫
¿Cuánta leche? (f sing) ⎬ *How much _____ ?*

¿Cuántos huevos? (m plural) ⎫
¿Cuántas manzanas? (f plural) ⎬ *How many _____ ?*

Este paquete ⎫ *This _____*
Esta lata ⎭

Estos huevos ⎫ *These _____ s*
Estas manzanas ⎭

VERBO: **valer** = *(literally) to be worth*

¿Cuánto **vale?**   *How much (is this)?*
¿Cuánto **valen?**   *How much (are these)?*

VERBO: **llevar** = *to wear, to carry, to take*

Lleva pantalones = *He/She is wearing trousers*

VERBOS: **cerrar**   *to close*
          empezar   *to start*

*Look what happens to the **e***

cierro, cierras, cierra, cerramos, cerráis, cierran
empiezo, empiezas, empieza, empezamos, empezáis,
empiezan

VERBO: **salir** = *to go out, to leave the house*
         salgo = *I go out*

VERBO: **volver** = *to return, to come/go back*

vuelvo, vuelves, vuelve, volvemos, volvéis, vuelven

Vocabulario

Verbos	**Verbs**	**Tiendas**	**Shops**
abrir	*to open*	carnicería	*butcher's*
cerrar	*to close*	droguería	*hardware shop*
dar	*to give*	estanco	*kiosk (tobacco, stamps etc)*
empezar	*to start, to begin*		
gastar	*to spend*	farmacia	*chemist*
llevar	*to wear, to carry*	frutería	*fruit and vegetables*
terminar	*to finish, to end*	hipermercado	*hypermarket*
valer	*to be worth*	panadería	*baker's*
(¿Cuánto vale?)	*(How much is it?)*	pastelería	*cake shop*
		pescadería	*fishmonger's*
Peso y cantidad	**Weight and quantity**	supermercado	*supermarket*
		verdulería	*greengrocer's*
gramo	*gram*		
kilo	*kilogram*	**Verdura**	**Vegetables**
litro	*litre*		
medio litro	*half a litre*	cebollas	*onions*
		coliflor (f)	*cauliflower*
bote (m)	*jar*	tomates (m)	*tomatoes*
botella	*bottle*	zanahorias	*carrots*
caja	*box*		
lata	*can, tin*		
paquete (m)	*packet*		

Fruta	*Fruit*
manzanas	*apples*
naranjas	*oranges*
peras	*pears*
plátanos	*bananas*

Carne y pescado	*Meat and fish*
bacalao	*cod*
cordero	*lamb*
lomo	*pork*
merluza	*hake*
pollo	*chicken*
sardina	*sardine*
trucha	*trout*

Más productos	*More products*
aceite (m)	*oil*
artículos de limpieza	*cleaning products*
galletas	*biscuits*
leche (f)	*milk*
mantequilla	*butter*
medicina	*medicine*
mermelada	*jam*
pan (m)	*bread*
pastel (m)	*cake*
sello	*stamp*
vinagre (m)	*vinegar*

Ropa	*Clothing*
abrigo	*overcoat*
blusa	*blouse*
camisa	*shirt*
chaqueta	*jacket*
corbata	*tie*
falda	*skirt*
jersey (m)	*sweater*
pantalón (m)	*trousers*
vestido	*dress*
zapatos	*shoes*
talla	*size (clothing)*
número	*size (shoes)*

Colores	*Colours*
amarillo/amarilla	*yellow*
azul	*blue*
blanco/blanca	*white*
negro/negra	*black*
rojo/roja	*red*
verde	*green*

Las estaciones	*The seasons*
invierno	*winter*
otoño	*autumn*
primavera	*spring*
verano	*summer*

Descripciones	*Descriptions*
alto/alta	*tall*
bajo/baja	*short*
delgado/delgada	*thin*
gordo/gorda	*fat*
moreno/morena	*dark*
rubio/rubia	*blonde, fair*
alojamiento	*accommodation*
ciudadanos	*citizens*
comisión (f)	*commission*
descuento	*discount*
impresora	*printer*
oferta	*special offer*
población (f)	*population*
fresco/fresca	*fresh*

Preguntas	*Questions*
¿A qué hora (empieza)?	*What time (does it start?)*

Expresiones útiles	*Useful expressions*
Deme	*Can I have . . .? (Literally: Give me)*

7

Repaso

A Así somos

María Jesús (Chus) habla de su vida, su familia y sus amigos.

Antes de escuchar: con un(a) compañero/a, inventa preguntas para María Jesús.

Ejemplo: ¿Cuántos hermanos tienes?

Escucha. Compara tus preguntas. ¿Hay más preguntas? Contesta las preguntas.

¡Atención!

casado/casada	=	*married*
soltero/soltera	=	*single*
divorciado/ divorciada	=	*divorced*
viudo/viuda	=	*widower/widow*

1 Vocabulario de la familia

abuelo	*grandfather*
abuela	*grandmother*
nieto	*grandson*
nieta	*granddaughter*
tío	*uncle*
tía	*aunt*
sobrino	*nephew*
sobrina	*niece*
primo/a	*cousin*
novio	*boyfriend (fiancé)*
novia	*girlfriend (fiancée)*

2 Plural verbo: **ser**

(Nosotros/as) **somos**
(Vosotros/as) **sois**
(Ellos/Ellas/Vds) **son**

Ejemplo:

Somos hermanos	*We are brothers*
¿Sois primos?	*Are you cousins?*
Son hijos del señor García	*They are Sr García's children*

1 El hermano de tu madre es tu **tío.**

Continúa.

2 La hija de tu hermano es tu _____
3 El padre de tu padre es tu _____
4 La hija de tu madre es tu _____
5 La hermana de tu padre es tu _____
6 El hijo de tu tía es tu _____
7 El nieto de tu madre es tu _____

Trae fotos de tu familia.
Mezcla las fotos en una mesa con las fotos de tus compañeros/as.
Identifica a las familias de tus compañeros/as.

Ejemplo:

A: ¿Eres tú?
B: Sí, soy yo.
A: ¿Son tus padres?
B: Ésta es mi madre, pero éste es mi tío.
A: ¿Cómo se llama tu tío?
B: Se llama Jorge.
A: ¿De dónde es?
B: Es de Sevilla, pero vive en Italia.
A: ¿Está casado?

etc.

¡Atención!

(pelo) castaño	*brown (hair)*
oscuro	*dark*
claro	*fair*
pelirrojo	*red (hair)*
canoso	*grey/white (hair)*
porcentaje	*percentage*
10 por ciento	*10 per cent*

Así somos los españoles

¿Cuántos rubios y rubias hay en España? ¿Cuántos morenos y morenas? ¿Cuántos canosos y canosas?

Estos son los resultados de una encuesta de 1,500 personas de ambos sexos, contactadas en 68 municipios de todas las zonas del país. En primer lugar, hay un claro predominio de los tonos oscuros, y una buena proporción de canosos, lo que indica una proporción muy alta de gente de la tercera edad entre la población española.

Aparentemente, hay bastante más mujeres que hombres con el pelo rubio (10.4% y 3.5% respectivamente). Pero el pelo rubio de muchas mujeres es artificial.

Cataluña y el Norte, en general, son las zonas con mayor proporción de rubios del país. Los canosos abundan más entre los hombres (33.7%) que entre las mujeres (24.8%)

Color del pelo		Sexo		Edad		
	Total	Hombre	Mujer	18-35	36-55	56 y más
Negro	31,6	36,2	27,0	47,0	33,7	11,3
Castaño oscuro	18,4	17,7	19,2	23,4	23,7	6,3
Castaño claro	11,6	7,4	15,8	15,0	14,6	4,0
Rubio	6,9	3,5	10,4	11,3	7,3	1,3
Pelirrojo	1,9	1,1	2,7	1,2	2,6	1,8
Blanco canoso	29,3	33,7	24,8	1,4	17,4	75,7
No contestan	0,7	1,1	0,4	1,4	0,7	

¿Sí o no?

1 La encuesta está realizada en el Norte de España.
2 Muchas rubias no son rubias naturales.
3 Entre los jóvenes españoles predomina el pelo negro.
4 En el centro de España hay más rubios.
5 Hay mucha gente mayor con pelo negro.

ACTIVIDAD 6

1 Escribe tu nombre.
Escribe tres o cuatro cualidades y/o defectos que describen tu carácter.
Busca la primera letra de tu nombre.
¿Qué cualidades y defectos tienes? ¿Son diferentes?

Su carácter

Las personas son:

A inteligentes y creativas

B afectivas y prácticas

C joviales e impacientes

D fuertes y responsables

E comunicativas y sociables

F responsables y compasivas

G sensibles y místicas

H creadoras y ejecutivas

I obstinadas y trabajadoras

J fuertes y ambiciosas

K idealistas e intuitivas

L activas y generosas

M familiares

N imaginativas y artísticas

O pacientes

P sociables y dominantes

Q inteligentes y egoistas

R tolerantes y humanitarias

S fuertes y atractivas

T positivas

U atractivas y nerviosas

V simpáticas y firmes

W perseverantes y persistentes

X sensuales y seductoras

Y libres y artísticas

Z armoniosas y altruistas

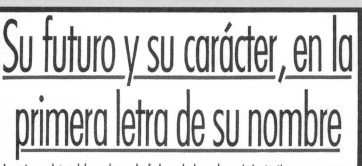

Su futuro y su carácter, en la primera letra de su nombre

La primera letra del nombre y la fecha y la hora de nacimiento tienen una repercusión importante en la forma de ser y en el destino de cada persona, y a través de ellas podemos llegar a conocer cómo somos nosotros y cómo son nuestros amigos.

¡Atención!

y = *and*
(*But before words beginning with* i *use* e.
Ejemplo: joviales e impacientes)

2 Escribe tu nombre ideal.
   ¿Cuál es la primera letra?
   Estudia las descripciones de carácter de la primera letra
   de tu nombre ideal.
   ¿Son similares?
3 Escribe una lista de cinco cualidades importantes de
   una persona.
   Busca a un(a) compañero/a con una lista similar.
4 Estudia todos los adjetivos en el texto.
   ¿Cuántos reconoces?

Completa.

La familia Domínguez

María Asunción Domínguez ____ de Belchite, en ____ provincia
de Zaragoza. _____ treinta y cinco años y vive ____
un pueblo cerca ____ Barcelona. ____ casada y____ ____ dos
niñas de seis años y dos años de edad. _____ bastante
alta, delgada ____ morena. _____ ojos azules. _____
profesora de español. Tiene un hermano que se _____
José Luis, de treinta y un años. El ____ profesor de español
también. Vive y trabaja en Zaragoza, en ____ universidad.
____ alto, muy delgado, moreno y _____ ojos verdes.

Sus padres _____ Miguel y Alicia, y viven en
Zaragoza también. Su padre _____ una pequeña empresa
de construcción y su madre ____ ama de casa. Miguel ____
gordo y moreno. Alicia ____ morena y baja. Los dos ____
muy simpáticos.

¡Atención!

bastante = *quite*
bastante alta = *quite tall*
también = *also/as well*
una empresa = *a business*

Contesta.

¿Quién . . .
1 es delgado?
2 es morena y baja?
3 es profesor de español?
4 vive en un pueblo?
5 tiene ojos verdes?

6   es delgada?
7   está casada?
8   trabaja en casa?
9   tiene dos hijos?
10 tiene una hermana?

B Así vivimos

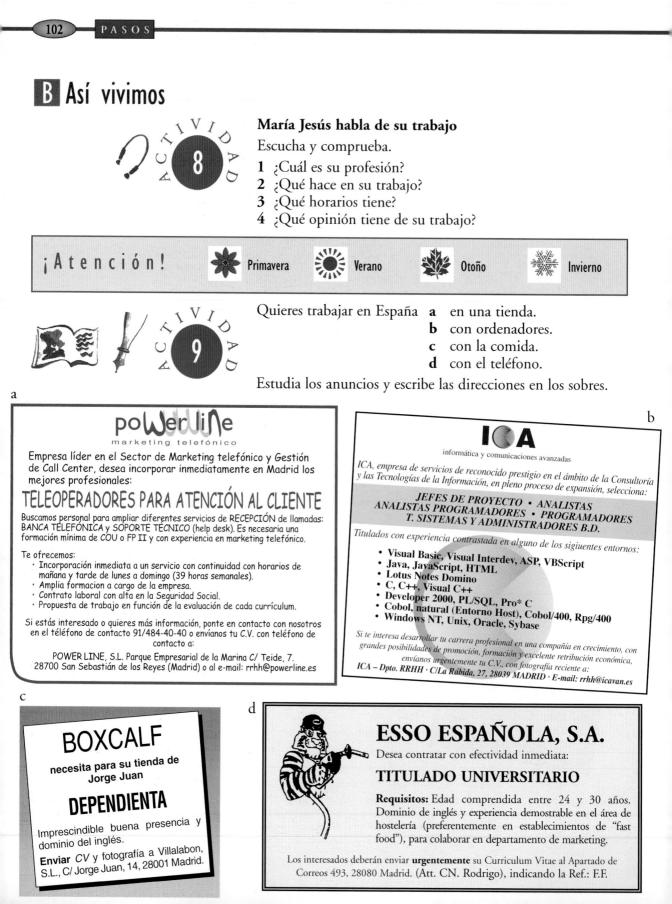

ACTIVIDAD 8

María Jesús habla de su trabajo

Escucha y comprueba.

1 ¿Cuál es su profesión?
2 ¿Qué hace en su trabajo?
3 ¿Qué horarios tiene?
4 ¿Qué opinión tiene de su trabajo?

¡Atención!   Primavera   Verano   Otoño   Invierno

ACTIVIDAD 9

Quieres trabajar en España **a** en una tienda.
                             b con ordenadores.
                             c con la comida.
                             d con el teléfono.

Estudia los anuncios y escribe las direcciones en los sobres.

a

poWerLine
marketing telefónico

Empresa líder en el Sector de Marketing telefónico y Gestión de Call Center, desea incorporar inmediatamente en Madrid los mejores profesionales:

TELEOPERADORES PARA ATENCIÓN AL CLIENTE

Buscamos personal para ampliar diferentes servicios de RECEPCIÓN de llamadas: BANCA TELEFÓNICA y SOPORTE TÉCNICO (help desk). Es necesaria una formación mínima de COU o FP II y con experiencia en marketing telefónico.

Te ofrecemos:
· Incorporación inmediata a un servicio con continuidad con horarios de mañana y tarde de lunes a domingo (39 horas semanales).
· Amplia formacion a cargo de la empresa.
· Contrato laboral con alta en la Seguridad Social.
· Propuesta de trabajo en función de la evaluación de cada currículum.

Si estás interesado o quieres más información, ponte en contacto con nosotros en el teléfono de contacto 91/484-40-40 o envíanos tu C.V. con teléfono de contacto a:

POWER LINE, S.L. Parque Empresarial de la Marina C/ Teide, 7. 28700 San Sebastián de los Reyes (Madrid) o al e-mail: rrhh@powerline.es

b

ICA
informática y comunicaciones avanzadas

ICA, empresa de servicios de reconocido prestigio en el ámbito de la Consultoría y las Tecnologías de la Información, en pleno proceso de expansión, selecciona:

JEFES DE PROYECTO • ANALISTAS
ANALISTAS PROGRAMADORES • PROGRAMADORES
T. SISTEMAS Y ADMINISTRADORES B.D.

Titulados con experiencia contrastada en alguno de los siguientes entornos:

· **Visual Basic, Visual Interdev, ASP, VBScript**
· **Java, JavaScript, HTML**
· **Lotus Notes Domino**
· **C, C++, Visual C++**
· **Developer 2000, PL/SQL, Pro* C**
· **Cobol, natural (Entorno Host), Cobol/400, Rpg/400**
· **Windows NT, Unix, Oracle, Sybase**

Si te interesa desarrollar tu carrera profesional en una compañía en crecimiento, con grandes posibilidades de promoción, formación y excelente retribución económica, envíanos urgentemente tu C.V., con fotografía reciente a:
ICA – Dpto. RRHH · C/La Rábida, 27, 28039 MADRID · E-mail: rrhh@icavan.es

c

BOXCALF
necesita para su tienda de Jorge Juan

DEPENDIENTA

Imprescindible buena presencia y dominio del inglés.
Enviar CV y fotografía a Villalabon, S.L., C/ Jorge Juan, 14, 28001 Madrid.

d

ESSO ESPAÑOLA, S.A.
Desea contratar con efectividad inmediata:

TITULADO UNIVERSITARIO

Requisitos: Edad comprendida entre 24 y 30 años. Dominio de inglés y experiencia demostrable en el área de hostelería (preferentemente en establecimientos de "fast food"), para colaborar en departamento de marketing.

Los interesados deberán enviar **urgentemente** su Curriculum Vitae al Apartado de Correos 493, 28080 Madrid. (Att. CN. Rodrigo), indicando la Ref.: F.F.

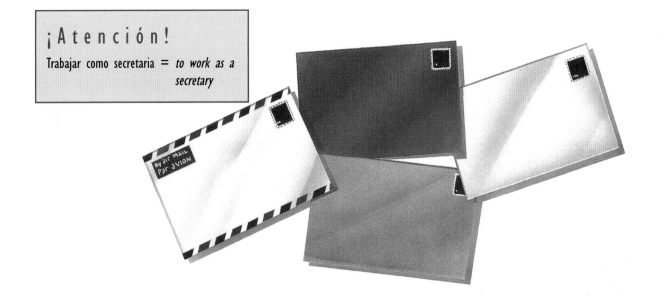

Escuela de Músicos Prodigio.

Lee la introducción del artículo sobre la escuela.

A C T I V I D A D
10

La fundación Yehudi Menuhin

ESCUELA DE MÚSICOS PRODIGIO

En las proximidades de Londres, en el condado de Surrey, 48 niños de edades comprendidas entre los 8 y los 14 años, viven intensamente dedicados a la música. Su talento de niños prodigio les ha abierto las puertas de la fundación Yehudi Menuhin, creada en 1963 por el violinista judío para explotar al máximo las facultades de los niños que apuntan un gran futuro en el terreno de la interpretación musical.

¿Qué hacen los niños en un día típico? ¿Qué opinas?

Pon las actividades en orden:

comida	desayuno	concierto
práctica	clase	juegos
cena	limpieza	trabajo en el jardín

Ejemplo:

Por la mañana   **Por la tarde**   **Por la noche**
desayuno

Los alumnos empiezan la jornada temprano. A las 6.30 tienen práctica. Luego desayunan. Hacen la limpieza de sus habitaciones y ayudan en los trabajos del jardín. A las 8.30 hay una asamblea. Se lee algo, no necesariamente religioso, y se medita en silencio cinco minutos. El silencio es muy importante. Para un músico es quizá más importante que para los demás. Los niños aprenden a estar silenciosos dentro de estas sesiones de silencio. Luego van las clases unas detrás de otras. Alternando la música y las materias académicas propias de la edad. Comen a la una de la tarde. Juegan un rato. Luego practican. Cenan. Se reúne la orquesta y ejecutan algún concierto.

◄ Lee el artículo y comprueba.

ACTIVIDAD 11

Ésta es una de las chicas de la escuela. Describe su día.

¿Qué hace a las 6.30?
         8.30?
         1.00?
       por la noche?

Lee el texto para obtener la información.

María Jesús habla de su pueblo

ACTIVIDAD 12

Escucha y pon las fotos
en orden.
¿Qué más información hay? Trabaja con un(a) compañero/a.

Sopa de letras

ACTIVIDAD 13

Lee las instrucciones y juega con un(a) compañero/a.

C De vacaciones

Mira las fotos y el mapa de la urbanización Benamar.
¿Qué información hay?

¿Dónde está?
¿Qué hay?
¿Cómo es?
etc.

Escribe las respuestas. Compara con un(a) compañero/a.

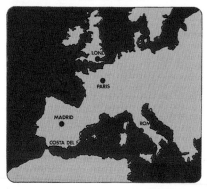

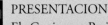 PRESENTACION

El Conjunto Residencial denominado Benamar consta de cuarenta y cuatro viviendas unifamiliares adosadas, y se encuentra situado en una de las urbanizaciones de la Costa de Sol de Málaga "Hacienda Torrequebrada".

La parcela en concreto, del Conjunto Benamar, está situada en una suave colina con inmejorables vistas al mar, rodeada por el campo de golf, al pie de numerosos lagos y distante unos 150 metros de la primera línea de playa.

La "Hacienda Torrequebrada" ocupa una superficie de más de 2.000.000 de m2. que se extienden a lo largo de la costa por un terreno ondulado, con una exuberante vegetación propia del clima mediterráneo.

En plena Costa del Sol malagueña en Benalmádena-Costa, a 12 kms. del Aeropuerto Internacional de Málaga, 5 kms. de Fuengirola, 30 de Marbella y cerca de Tívoli World y Puerto Príncipe.

Comprende un gran campo de golf de 18 hoyos par 72, club, restaurante, salones, piscina, tenis, squash, paddle, etc., y como nota singular el mayor casino de España.

Como fase final, están estudiando la viabilidad de la construcción de una Marina con un gran puerto deportivo, club náutico, nuevas playas y puestos de atraque propios.

Compara tu información con la información en el texto. ¿Qué diferencias hay?

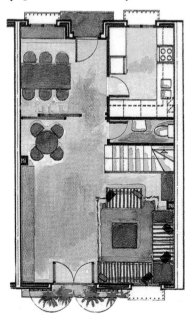

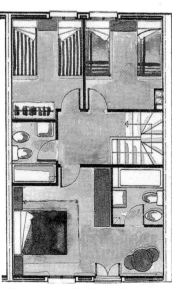

Primera planta – First floor – Erster stock

Estudia el plano y las fotos de un apartamento.
Escribe una descripción del apartamento.

ACTIVIDAD 16

De viaje

Estudiante A: esta página
Estudiante B: página 230

Estudiante A: Pregunta a Estudiante B sobre los hoteles, los restaurantes y las compras de Lanzarote.

Prepara seis preguntas:

¿Cuántos/as		está?
¿Cómo		hay?
¿Cuánto		se llama?
¿Dónde	. . . . . .	es?
¿Cómo		cuesta?
¿Qué		hay?

Completa la información en la página 109.
(Si trabajas solo, completa la información de la Costa Blanca.)

Estudiante B te pide información similar de la Costa Blanca.

Costa Blanca

DATOS UTILES

Hoteles
En Altea, el más
≪lujoso≫ es el Cap
Negret, en las afueras del
pueblo y sobre el mar
(3 estrellas. Carretera
Valencia-Alicante, km 132.
Telf.: 965 84 12 00; 105€
habitación doble en
temporada alta). Otro más
barato, y tranquilo, el
Solymar, cerca de la playa
de Almoradí, con terrazas en
las habitaciones sobre el
mar
(Telf.: 965 84 02 50; 51€
habitación doble).

Restaurantes
En Altea la Vieja, Mallol
(sobre la carretera); muy
buenas paellas.
En Altea, L'Obrador
(Concepción, 9.

Telf.: 965 84 09 06):
bonito, animado y con buena
cocina, especialmente
italiana.
Mejor reservar mesa.
El Negro (junto a la
plaza), con terraza, buenas
vistas sobre el mar y buena
cocina.
La Costera (Costera del
Mestre de Música, 8, en
las escaleras que suben
al pueblo): ¡divertidísimo!
y, además, se come bien.
Especialidades suizas.

Bares
En Altea, el más animado es
La Plaza (plaza de la
Iglesia): con terraza y
ambiente ≪marchoso≫
hasta la madrugada.
En el pueblo de abajo tenéis
Lledó (Pasaje Labrador, s/n),

donde van los de Altea a
tomar tapas y pescado frito
de la bahía.
En verano, estupenda leche
merengada.

Compras
En Altea, ropa y joyas
divertidas en Arco (al lado
de la plaza).
La boutique Abanico (en
el paseo Marítimo, junto
al Hotel San Miguel)
vende modelos de un
nuevo diseñador murciano,
francamente interesantes.
Artesanía hippie, en
Collectiu d'Artesans d'Altea
(Carrer Sant Pere, 22). Miel
de romero, de eucalipto, de
azahar..., de Callosa de
Ensarriá, en los puestos y
tiendas al lado del
nacimiento del río Algar.

	Nº	Nombre	Precio	Situación	Descripción	Especialidad
Hoteles						
Restaurantes						
Bares						
Tiendas						

ACTIVIDAD 17

Con un(a) compañero/a elige un hotel, un restaurante y una tienda.

Inventa un diálogo para cada uno. (Usa la carta para el restaurante.)

El Restaurante flunch

Espárragos	5,70	950 pts
Entrecot	10,80	1800 pts
Pan	0,60	100 pts
Tarta	3,90	650 pts
	21,00 €	3500 pts

Ensalada mixta	1,80	300 pts
Pollo asado con patatas	6,60	1100 pts
Chocolate chantilly	3,30	550 pts
	11,70 €	1950 pts

Entremeses o lomo frio	5,70	250 pts
Guisado de carne	10,20	1700 pts
Fruta del tiempo	2,10	350 pts
	18,00 €	3000 pts

DE ENTRE NUESTRO BUFFET, NOS PERMITIMOS SUGERIRLE LOS SIGUIENTES MENUS

Y ADEMAS, SEGUN EL DIA DE LA SEMANA EN NUESTRO BUFFET ENCONTRARA, ENTRE MUCHAS OTRAS LAS SIGUIENTES ESPECIALIDADES

Pollo asado con patatas	6,50	1100 pts
Pan	0,60	100 pts
Cocktail de frutas	2,70	450 pts
	9,80 €	1650 pts
Paella	6,30	1050 pts
Flan	1,80	300 pts
	8,10 €	1350 pts

¡Atención!

¿Qué me recomienda? = *What do you recommend?*
Le recomiendo . . . = *I recommend (to you) . . .*

D Juegos

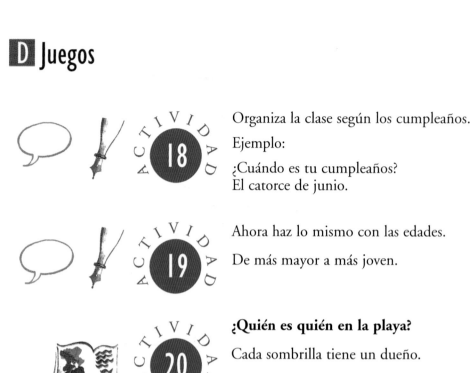

ACTIVIDAD 18

Organiza la clase según los cumpleaños.

Ejemplo:

¿Cuándo es tu cumpleaños?
El catorce de junio.

ACTIVIDAD 19

Ahora haz lo mismo con las edades.

De más mayor a más joven.

ACTIVIDAD 20

¿Quién es quién en la playa?

Cada sombrilla tiene un dueño.

Lee las instrucciones.

SUPERCONCURSO

¿QUIÉN ES QUIÉN EN LA PLAYA?

Cada sombrilla tiene un dueño. Averigua quién es quién en esta simpática pandilla y coloca su nombre bajo la sombrilla correspondiente. Te damos algunas pistas: a) Carolina no usa bikini, tiene dos hamacas y un lazo igual que el de Susana; b) Jaime es rubio, su sombrilla es pequeña; c) Pedro es tan alto como Jaime y no lleva flotador; d) Daniel no lleva gafas, pero sí camiseta. Se pone lejos de la orilla; e) Susana tiene el pelo corto, su sombrilla tiene cinco colores; f) Luis tiene una sombrilla azul y blanca; g) Ana pone su sombrilla entre la de Pedro y la de Carolina.

ACTIVIDAD 21

Escribe las preguntas.

Ejemplo:

1 ¿A qué hora comes? A las dos.
Continúa.

2	_____	369 4521
3	_____	Soy dependienta.
4	_____	En Londres.
5	_____	De Londres.
6	_____	En la calle Naranjo.
7	_____	Me llamo Juan.
8	_____	A las nueve de la mañana.
9	_____	A las once de la noche.
10	_____	En una oficina.
11	_____	Veinticuatro años.
12	_____	Leo muchos libros.
13	_____	Al partido de fútbol.
14	_____	A las siete y media de la mañana.
15	_____	Todo recto, al final de la calle.

Vocabulario para la próxima lección

Actividades del tiempo libre

Vocabulario

Verbos — **Verbs**
hablar — *to speak*
recomendar — *to recommend*

Estado civil — **Marital status**
casado/casada — *married*
divorciado/divorciada — *divorced*
soltero/soltera — *single*
viudo, viuda — *widower, widow*

El pelo — **Hair**
canoso/canosa — *grey-haired*
castaño/castaña — *brown-haired (chestnut)*
claro/clara — *fair*
pelirrojo/pelirroja — *red-haired*
oscuro/oscura — *dark*

La gente — **People**
la tercera edad — *old age (literally: the third age)*
joven — *young*
mayor — *old*
viejo/vieja — *old*

Carácter (m) — **Personality, character**
activo/activa — *active*
afectivo/afectiva — *affectionate*
altruista — *altruistic*
ambicioso/ambiciosa — *ambitious*
artístico/artística — *artistic*
atractivo/atractiva — *attractive*
comunicativo/comunicativa — *communicative*
compasivo/compasiva — *compassionate*
creativo/creativa — *creative*
dominante — *dominant*
egoista — *selfish*
estresado/estresada — *under stress*

familiar — *family-loving*
firme — *firm*
fuerte — *strong (strong-willed)*
generoso/generosa — *generous, kind*
humanitario/humanitaria — *humanitarian, considerate*
idealista — *idealistic*
imaginativo/imaginativa — *imaginative*
impaciente — *impatient*
inteligente — *intelligent*
intuitivo/a — *intuitive*
jovial — *jovial*
libre — *free*
místico/mística — *mystical*
nervioso/nerviosa — *nervous, excitable*
obstinado/obstinada — *obstinate, stubborn*
paciente — *patient*
perseverante — *persevering*
persistente — *persistant*
positivo/positiva — *positive*
práctico/práctica — *practical*
responsable — *responsible*
seductor/seductora — *seductive*
sensible — *sensitive*
sensual — *sensual*
simpático/simpática — *nice, pleasant*
sociable — *sociable*
tolerante — *tolerant*
trabajador/trabajadora — *hardworking*

bastante — *enough, quite a lot*
porcentaje — *percentage*
también — *also, as well*
imprescindible — *essential*

Expresiones útiles — **Useful expressions**
En primer lugar — *In the first place, firstly …*

8

¿ Q u é   t e   g u s t a ?

> *Likes and dislikes*
> *Free time, hobbies, activities, food*
> *Opinions, expressing wishes and wants*
> *Talking about where you live, your environment*

A ¿Qué te gusta?

Rosa habla de su tiempo libre.

María Teresa	¿Qué haces en tu tiempo libre?
Rosa	No tengo mucho tiempo libre pero me gusta la música, escucho mucha música y me gusta leer.
María Teresa	¿Practicas algún deporte?
Rosa	No me gustan los deportes, excepto el ciclismo, pero no me gusta practicarlo en la ciudad porque hay mucho tráfico.
María Teresa	Te gusta estar con tu familia, ¿verdad?

	Rosa	Sí. Paso prácticamente todo mi tiempo libre con mi familia. Vamos al parque con las niñas. Comemos en casa de amigos . . . A veces mi marido y yo vamos al teatro o cenamos en un restaurante . . .
	María Teresa	¿Te gusta el cine?
	Rosa	Sí, me gusta mucho. A veces vamos al cine.

Contesta. Marca con ✓.

	Le gusta (n)	No le gusta (n)
la música		
los libros		
el fútbol		
la bicicleta		
la familia		
las películas		

2

me gusta el cine
me gustan las películas de Saura
me gusta la música
me gustan las sinfonías de Beethoven
me gusta leer
me gusta comer en casa

ACTIVIDAD 3

Haz frases:

(No) me gusta
(No) me gustan

{ la fruta
el tenis
las fiestas
leer
los deportes
el cine
las naranjas

ACTIVIDAD 4

¿Qué te gusta hacer en tu tiempo libre?
Busca a alguien a quien le gusta nadar.
cocinar.
comer en restaurantes.
bailar (en las discotecas).
la playa.
viajar.
leer.
el cine.
estudiar.
la televisión.

Ejemplo:

A: ¿Te gustan las discotecas?
B: No mucho. Me gusta el cine.

Inventa más preguntas.
¿Qué actividades son más populares en tu clase?
Pon en orden.

ACTIVIDAD 5

Lee la información de Cecilia de Boucourt y Maribel Verdú.
Tienen gustos en común y gustos diferentes.

A Maribel y a Cecilia les gusta:	A Maribel le gusta:	A Cecilia le gusta:
ir al cine		

Cecilia de Boucourt

Se llama Cecilia de Boucourt, tiene 18 años y nació en Buenos Aires, Argentina. Profesión: modelo.

"Los fines de semana suelo dedicar algunas horas a cocinar. Soy vegetariana, pero me gusta mucho hacer platos especiales e invitar a mis amigos a cenar en casa.

Leo todo lo que puedo. También me encanta pasear por la ciudad, mirar escaparates, salir con mis amigos . . . Pero por encima de todo me chifla ir al cine. Lo que ocurre es que casi nunca tengo tiempo libre."

Maribel Verdú

Maribel Verdú, una de las jóvenes actrices españolas más cotizadas, se encuentra actualmente recorriendo la geografía española con la obra teatral *Miles Gloriosus*, de Plauto. En los pocos ratos libres que le quedan a Maribel Verdú le gusta:

"sentarme y no hacer nada, sólo mirar al techo. Aunque también me gusta leer, escuchar música, pintar, ir al cine o al teatro y pasarlo bien con los amigos."

¡Atención!

me gusta el cine = *I like the cinema*
me encanta el cine ⎫
me chifla el cine ⎬ *I love the cinema*
me gusta mucho = *I like it very much*

ACTIVIDAD 6

Mira la información de Alex y escribe un párrafo sobre él.

> **¡Atención!**
>
> Mide 1 metro 83 = *He is 1m 83 tall*
> *(literally: He*
> *measures 1m 83)*

ALEX en entrevista íntima

DATOS PERSONALES

Nombre: Alejandro
Fecha de nacimiento: 12-5-82
Lugar de nacimiento: Salamanca
Signo: Tauro
Talla: 1,83 m
Color de ojos: Azules
Aficiones: Coches antiguos, boxeo, correr, hablar y hacer amistades
Profesión: Aprendiz de mecánico de automóviles
Adora: Naturalidad, sensualidad
Detesta: Superficialidad, vanidad

ACTIVIDAD 7

Mira la foto de esta actriz y artista de televisión. ¿Cómo es? Adivina. Completa la información y compara con un(a) compañero/a.

LYDIA BOSCH

Nacida:
Signo zodiacal:
Lugar de nacimiento (España):
Color favorito:
Bebida:
Comida:
Prenda de vestir:
Deporte:
Tipo de hombre:
Animal:
Monstruo:

Ahora estudia la página 119 y comprueba.

ACTIVIDAD 8

En grupos de cinco, se elige a una persona y se adivina la misma información. La persona elegida completa la información con sus datos. Cuando terminéis, haced preguntas.

Ejemplo:

A: ¿Te gustan los perros?
B: No, no me gustan.

ACTIVIDAD 9

¿A quién escribes si te gustan los animales?
te gusta la gente?
te gusta la música?
te gustan los sellos?
te gusta el cine?
te gusta la aventura?
te gusta pintar?

Escribe más información sobre cada uno.
Por ejemplo: nacionalidad, edad, etc.

¡Atención!

Quisiera
Me gustaría
Deseo
Deseraría
} (tener correspondencia)
= *I would like (to write to)*

Correspondencia entre nuestros lectores

• Quisiera mantener correspondencia para amistad e intercambio de sellos, postales y lotería. José A. Franco Garres. Apartado de Correos 12. 30100. Espinardo (Murcia).

• Tengo 22 años, estudio, hago de modelo, soy actor, incluso he hecho cine en un grupo juvenil, me encanta pintar, leer, etcétera, prometo contestar todas las cartas. Lázaro Hernández Suárez. Avda. 69, 12806, entre 128 y 128 B. Marianao 15. C. Habana (Cuba).

• Soy una chica de 28 años, estoy separada legalmente, tengo una hija de tres años, quiero tener amigos-as en situación parecida. Carmen Olmeda Martínez. Poeta Lienr, 14, 3.º. 46003 Valencia.

• Joven de 21 años, amante de la aventura, la música y de conocer a gente. Luis Trabal. C/ del Pi, 15. Sant Ferm. 08500 VIC (Barcelona).

• Deseo correspondencia con chicas de 20 a 30 años para una sincera amistad. Juan José Cimenes. Puente Tocinos, 44. 30006 Murcia.

• Chica de 25 años, desea mantener correspondencia con chicos-as de toda España en especial de La Coruña. Belén Piñón. Ronda de Breogán, 8. 15002 La Coruña.

• Soy una chica mexicana de 14 años y me gustaría tener correspondencia con chicos y chicas de 13 a 17 años de cualquier parte del mundo que hable español, colecciono sellos y todo lo relacionado con gatos. Julieta Cervantes Morán. Once Mártires, 51, 8 Col. Tlalpan. C. P. 14070. México D. F.

• Tengo 18 años, soy estudiante y me gustaría mantener correspondencia con chicos-as de cualquier edad. María del Mar Valencia Hernández. Trasera Molinos de Agua, 5. La Laguna. Tenerife (Islas Canarias).

• Tengo 29 años y deseo tener amistad con gente joven de toda España, amo y admiro ese país. Marta Madrigal. Vicente Suyama, 3. Trinidad (Cuba).

• Deseo intercambiar sellos, postales y correspondencia, con personas de todo el mundo. Martín González. Las Heras 3008. (1602) Florida. Buenos Aires (Argentina).

• Desearía mantener correspondencia con personas españolas, mis «hobbis» son la lectura, la música, escribir cartas. Lola

ACTIVIDAD 10

Escribe un texto similar con tus gustos y aficiones.

ENTREVISTA **LYDIA BOSCH** **PARTICULARÍSIM**	**Nacida:** 26 Noviembre 1963 **Signo zodiacal:** Sagitario **Lugar de nacimiento:** Barcelona **Estudios:** Bachillerato y Relaciones Públicas **Inicios profesionales:** «Un, dos, tres» (TV), «El disputado voto del señor Cayo» **Actrices españolas:** Amparo Baró, Victoria Abril **Actriz extranjera:** Katharine Hepburn **Actor español:** Juan Diego	**Actor extranjero:** Robert De Niro **Película:** «Lo que el viento se llevó» **Director español:** Antonio Giménez-Rico **Director extranjero:** Stanley Kubrick, Steven Spielberg **Director con el que le gustaría trabajar:** Todos, y por decir uno, Manuel Gutiérrez Aragón **Color:** Negro **Bebida:** Agua	**Comida:** Spaghettis **Prenda de vestir:** Shorts grandotes, guardapolvos texanos **Droga:** No gasto **Pasatiempo:** Holgazanear **Deporte:** Esquí **Tipo de hombre:** Inteligente y con sentido del humor **Modisto:** Maite Liébana **Perfume:** Aire, de Loewe **Un libro:** «Vuelta al infinito» de Richard Bach

B ¿Qué opinas de tu ciudad?

ACTIVIDAD 11

Escucha estas opiniones sobre la ciudad. Escribe una cosa que le gusta y una cosa que no le gusta a cada persona.

1
2
3
4

Ciudades famosas

Busca tres cosas buenas y tres cosas malas de las tres ciudades descritas.

1 Londres

Vivo en Londres. Es muy grande, quizás demasiado grande y viajar por la ciudad es difícil. Lo bueno de Londres son sus parques: me gustan mucho y hay muchos. También tiene muchos teatros y son preciosos. Me encanta ir al teatro en Londres. Pero las calles de Londres están muy sucias. No me gusta la suciedad. Y las tiendas cierran muy temprano.

2 París

Vivo en París. Tiene un río precioso con los puentes tan bonitos, pero no hay muchos parques en el centro de la ciudad. Me gusta también la vida cosmopolita y las galerías de arte. Pero todo el mundo corre en París y nadie quiere hablar conmigo. La gente no es muy simpática.

3 Madrid

Vivo en Madrid. Me gusta mucho la vida nocturna. Hay mucho ambiente en la ciudad. La gente es muy simpática. Es una capital muy bonita. Lo único que no me gusta es la contaminación y el clima. En verano las temperaturas son muy altas.

¡Atención!

nadie	= *nobody*
lo bueno de...	= *the good thing about...*
lo único que	= *the only thing that ...*

	Bueno	Malo
Londres		
París		
Madrid		

¿Qué te gusta y qué no te gusta de tu ciudad?
Trabaja con un(a) compañero/a.
Haz una lista.

C ¿Qué haces en tu tiempo libre?

Escucha, y con un(a) compañero/a haz una lista de actividades
del tiempo libre y aficiones de Javier y María Jesús.

Ejemplos:

ir al cine
salir con amigos

Escucha otra vez y escribe más cosas.

Plurales

Escucha a María Jesús otra vez. Habla de ella y sus amigos.

Tomamos algo	= *We have something to drink*
Salimos	= *We go out*
Comemos	= *We eat*

Preguntas

¿Tomáis algo?	= *Do you (plural) want anything to drink?*
¿Qué coméis?	= *What do you eat?*
¿Salís?	= *Do you go out?*
¿Qué toman?	= *What do they have to drink?*
¿Dónde comen?	= *Where do they eat?*
¿Salen juntos?	= *Do they go out together?*

Ver la sección de gramática, página 249.

Cuando sales con tus amigos ¿qué hacéis?
Explica a tu compañero/a.

María y Ana son gemelas.
¿Qué hacen María y Ana juntas?
¿Qué hace María?
¿Qué hace Ana?
Haz preguntas a María y Ana para conocerlas major.

Escucha y completa los detalles.

	María y Ana	María	Ana
1			
2			
3			
4			
5			

EN CASA O EN CLASE

Mira el anuncio.

ACTIVIDAD 18

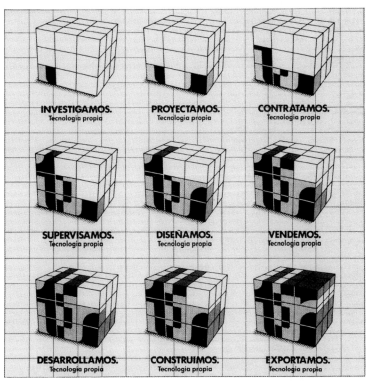

Pon los verbos en una lista de **–ar**, **-er**, **-ir.**
Pon los verbos en el infinitivo.
¿Qué significan los verbos?

Tu signo y la comida

1 Escribe las comidas que te gustan.
Escribe las comidas que no te gustan.
Compara con tu signo.
¿Hay diferencias?

A la carta astral

ARIES
Le gusta: todo lo rojo, desde la carne a los pimientos, pasando por las salsas, las frutas o los heladas con un intenso color rojo.
No le gusta: las dietas, las comidas vegetarianas, las ensaladas, la cocina china, las comidas largas.

TAURO
Le gusta: las comidas tradicionales, de tres platos y postre, abundantes todos ellos. Todas las carnes, las tartas, el vino tinto, beber mucha agua.
No le gusta: las raciones pequeñas, comer de prisa, o tomarse un sandwich de prisa y corriendo, vivir con una persona obsesionada por la dieta.

GEMINIS
Le gusta: todas las frutas, el yogur, el queso, el pan blanco, un alimento completo que puede preparar en pocos segundos.
No le gusta: las comidas fuertes, la cebolla.

CANCER
Le gusta: las comidas de bebé. Los purés, las sopas, los pasteles, las mermeladas.
No le gusta: la carne roja, los platos exóticos.

LEO
Le gusta: el pescado, la carne en salsa, las salsas en general, la leche descremada, la cerveza.
No le gusta: las restricciones, las comidas frugales.

VIRGO
Le gusta: las ensaladas, tomates, carnes a la brasa, las frutas, todos los cereales.
No le gusta: Los platos pesados, las salsas, los postres cremosos.

LIBRA
Le gusta: los platos delicados, bien decorados, la comida china.
No le gusta: la comida pesada, la grasa, las mesas sucias.

ESCORPIO
Le gusta: la cocina india o africana, pimientos rojos, las carnes rojas a la plancha, la fruta fresca y los frutos secos.
No le gusta: las ensaladas, las verduras crudas.

SAGITARIO
Le gusta: las salsas, las comidas abundantes, los dulces, el chocolate, la carne roja.
No le gusta: la frugalidad, las dietas, un estúpido en la mesa.

CAPRICORNIO
Le gusta: pocas cosas, las comidas 'serias' y sanas, las ensaladas variadas, el pan integral.
No le gusta: la mostaza, los pasteles, dejar comida en el plato.

ACUARIO
Le gusta: el exotismo, los platos raros, las frutas tropicales, el agua mineral en grandes cantidades.
No le gusta: las comidas sencillas, las sopas de casa.

PISCIS
Le gusta: el pescado, seguir una dieta rigurosa, aire puro, vida sana. Y también, el alcohol y el tabaco.
No le gusta: las grasas, el ajo. Comer sin vino o cerveza.

2 Trabaja con un(a) compañero/a. Busca el signo de tu compañero/a.

A: Pregunta a tu compañero/a.
B: Contesta.

Ejemplo:

A: (Tauro) ¿Te gustan las comidas tradicionales?
B: Sí.

Haz una lista de las similaridades y las diferencias.

3 ¿A qué signos . . .

a les gusta comer mucho?

b les gusta comer poco?

c les gustan los platos exóticos?

d no les gustan los platos exóticos?

e no les gusta la carne?

f les gustan las salsas?

g no les gustan las salsas?

h les gustan las comidas de un mismo color?

i les gusta comer mucha cantidad?

Maite Martínez ya es una mujer

Maite Martínez es una actriz infantil y ha aparecido en muchos programas de televisión y en muchas películas para niños. Pero ya cumple dieciocho años.

1 Lee el texto en la página 126 y escribe dos frases sobre el tiempo libre, la ropa y su familia.

2 Completa el texto.

Maite Martínez _____ el sol en el yate Teresa y _____ en el mar. Le gusta _____ por la noche. _____ a un bar que _____ Las Estrellas. Maite _____ coca cola o tónica y a veces _____ copas.

MAITE MARTÍNEZ PREFIERE EL MAR A LAS SALIDAS NOCTURNAS POR IBIZA

Ya es una mujer. Tras años de hacer papeles de niña en los programas de la tele y de sus muchas películas, Maite Martínez ha cumplido los dieciocho años. Ya no es una niña. En sus vacaciones en Ibiza, sus aficiones son salir a tomar copas, escuchar música rock y hablar de política.

Maite Martínez ha empezado en Ibiza sus vacaciones, donde tiene un apartamento. A la ex-actriz infantil le gusta salir a navegar en el yate Teresa, propiedad de su padre, tomar el sol en su cubierta y bañarse en el mar o en la piscina. Unas cuantas noches a la semana sale hasta la madrugada a tomar copas, muchas veces acompañada de su hermano mayor, el también actor, Quico Martínez, y de sus primas, o de amigas que ha traído invitadas desde Madrid.

El lugar que más frecuenta en sus salidas nocturnas es la terraza de Las Estrellas, un bar situado en el puerto que es propiedad de Moncho López.

A Maite le gusta mucho la música y tiene en el apartamento muchos CDs de grupos de rock españoles y extran-jeros, aunque en sus momentos de relax opta también por la música clási-ca. Prefiere la ropa informal a la de vestir, y todo el verano se la ha estado viendo en Ibiza, con una gorra de sol y con bermudas de colorines.

3 Una entrevista con Maite Martínez. Haz las preguntas – éstas son las respuestas:

Me gusta el zumo de naranja.
Mis amigos y yo vamos a un bar.
Me gusta la música clásica.
Tengo dieciocho años.
Quico.
Es el dueño del bar Las Estrellas.

Vocabulario en casa

Los deportes

Une las fotos y los deportes.
Sigue las líneas para comprobar.

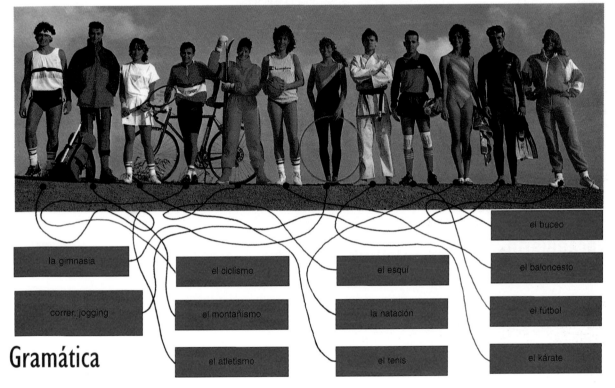

		el buceo
la gimnasia	el ciclismo	el esquí	el baloncesto
correr, jogging	el montañismo	la natación	el fútbol
	el atletismo	el tenis	el kárate

Gramática

VERBO: **gustar** = *to please*

me gusta (el cine)	*I like (the cinema)*
te gusta	*You like*
le gusta	*He/She/You like(s)*
nos gusta	*We like*
os gusta	*You like*
les gusta	*They/You like*
me gustan (las películas)	*I like (films)*
me gusta leer	*I like reading*
(gusta + verbo en infinitivo)	
A Juan le gusta leer	*Juan likes reading*

Negativo: No me gusta

VERBOS

encantar	Me encanta esquiar	*I love skiing*
interesar	Me interesa la historia	*I'm interested in history*
fascinar	Me fascina el teatro	*I'm fascinated by the theatre*

VERBOS: plurales

-ar	–amos	cen**amos**
	–áis	cen**áis**
	–an	cen**an**
-er	–emos	com**emos**
	–éis	com**éis**
	–en	com**en**
-ir	–imos	sal**imos**
	–ís	sal**ís**
	–en	sal**en**

PREPOSICIONES

con = *with*
Vive **con** unos amigos *(She lives with some friends)*

en = *in*
Trabaja **en** una oficina *(factory)*

a = *to*
Va al cine *(She goes to the cinema)* a + el = al
Va a la discoteca *(She goes to the discotheque)*

de = *of*
Un hermano de 24 años *(One brother of 24)*

Vocabulario para la próxima lección

enamorado/a	*in love*	regular	*OK, alright, not bad,*
enfadado/a	*angry*		*average*
triste	*sad*	mal	*ill/fed up*
preocupado/a	*worried*	enfermo/a	*ill*
contento/a	*content, pleased*	resfriado/a	*with a cold*
bien	*well/alright*		

Vocabulario

Verbos	**Verbs**	**Aficiones (f)**	**Hobbies, pastimes**
desear	*to desire, to wish for*	cocinar	*to cook*
encantar	*(literally: to enchant)*	escuchar	*to listen to*
me encanta	*(I love)*	hacer deporte	*to do sports*
gustar	*to please*	jugar	*to play*
(me gusta)	*(I like)*	leer	*to read*
interesar	*to interest*	mirar (escaparates)	*to look at (shop*
fascinar	*to fascinate*		*windows) (= to go*
medir	*to measure*		*window shopping)*
(mide un metro 70)	*(He is 1m 70 tall)*	nadar	*to swim*

pasar (tiempo)	*to spend (time)*
pasear	*to walk, stroll, go for a walk*
practicar	*to practise, to do (sport)*
sentarse	*to sit*
soler	*to usually do*
(suelo invitar a mis amigos)	*(I usually invite my friends)*
recorrer	*to tour*

La comida de los signos
Food for (astrological) signs

ajo	*garlic*
carne (f) a la brasa	*barbecued meat*
carne a la plancha	*meat fried with little or no oil*
cereales (m)	*cereals*
fruta seca	*nuts*
grasa	*fat (on meat)*
helado	*ice cream*
leche descremada (f)	*skimmed milk*
pimientos	*peppers*
postre (m)	*sweet, dessert*
puré (m)	*puree*
salsa	*sauce*
sopa	*soup*
tarta	*tart, pie*
yogur (m)	*yoghurt*

La ciudad
The city

el ambiente	*the atmosphere*
el aire puro	*the fresh air*
el comercio	*the business*
la contaminación	*the pollution*
la gente	*people*
los medios de transporte	*the means of transport*
el ruido	*the noise*
la suciedad	*the dirt*
el tráfico	*the traffic*
la vida sana	*the healthy life*

Deportes (m)
Sports

el atletismo	*athletics*
el baloncesto	*basketball*
el buceo	*skindiving*
el ciclismo	*cycling*
correr	*jogging*
el esquí	*skiing*
el fútbol	*football*
la gimnasia	*gymnastics*
el kárate	*karate*
el montañismo	*mountaineering*
la natación	*swimming*
el tenis	*tennis*
un yate	*a yacht*

alguno/a/os/as	*some*
anuncio	*advertisement*
un/una estúpido/a	*a stupid person (*a strong insult)*
estúpido/a (adjetivo)	*stupid*
excepto	*except*
frugal	*frugal, simple*
gato	*cat*
juntos/as	*together*
mejor	*better*
perro	*dog*
pesado/a	*heavy, rich (food)*
precioso/a	*beautiful, wonderful*
prenda (de vestir)	*item (of clothing)*
una ración	*a portion (of food)*
raro/a	*strange, unusual*
una restricción	*a restriction*
un río	*a river*
sencillo/a	*simple, straightforward*
techo	*ceiling*
tiempo libre	*free/spare time*
tipo	*type (e.g. type of car)*

Expresiones útiles
Useful expressions

por encima de todo	*above all*
lo que occurre (es) . . .	*what happens (is) . . .*
casi nunca	*hardly ever (literally: almost never)*
quizás	*perhaps, maybe*
lo bueno (de mi ciudad) es...	*the good thing (about my city) is . . .*
lo único. . .	*the only thing . . .*

9

¿Quieres salir?

Inviting people
Accepting, refusing, apologising,
giving excuses/explanations
States of health and feelings

Giving advice
Future plans/intentions
Saying what you can/can't do

A ¿Quieres venir al cine?

ACTIVIDAD 1

Tomás invita a Luisa al cine.

Luisa Dígame.

Tomás Hola Luisa, soy Tomás.

Luisa Hola Tomás. ¿Qué tal estás?

Tomás Estoy muy bien. ¿Quieres venir esta tarde al cine?

Luisa Pues lo siento, pero mi madre está enferma.

Tomás ¿Está enferma? ¿Qué es lo que tiene?

Luisa ¿Está resfriada y tiene mucha fiebre.

Tomás Entonces, ¿no puedes venir esta tarde?

Luisa No, y además, estoy muy cansada. Si quieres, podemos ir el domingo.

Tomás Entonces, te llamo entonces el domingo.

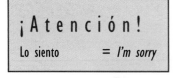

> **¡Atención!**
>
> Lo siento   = I'm sorry

1 ¿Dónde quiere ir Tomás?
2 ¿Quiere ir Luisa?
3 ¿Cuáles son los problemas?
4 ¿Cuándo van al cine?

Verbo: **estar**

¿Cómo estás?
¿Cómo está (Vd)? } *How are you?*

Estoy bien.   *I'm well, all right.*
Estoy regular.   *I'm OK (average).*
Estoy mal.   *I'm not well.*

Estoy   cansado/a.
        enfermo/a.
        resfriado/a.
        triste.
        enfadado.

'cansado/a'

'enfermo/a'   'resfriado/a'

'triste'   'enfadado/a'

¡Atención!

Pedro es simpático pero hoy **está** enfadado.
Use of estar: change of state, of feelings.
estar *means 'to feel' in this case.*
See also Lección 4 + *Grammar section.*

A C T I V I D A D **4**

Completa las frases.

a	Estoy triste.	**1**	Trabajo mucho.
b	Estoy enfadado/a.	**2**	Tengo fiebre.
c	Estoy cansado/a.	**3**	¿Tienes un pañuelo?
d	Estoy enfermo/a.	**4**	Mi madre está enferma.
e	Estoy resfriado/a.	**5**	Mi novio/a prefiere a mi amigo/a.

¡Atención!

¿Por qué?	Why?
porque	because

¿Por qué no vas a trabajar?
Porque estoy enfermo.

CONCURSO DE HUMOR

Doctor, no comprendo a los mayores. Cuando mi madre está cansada me manda a mí a la cama.

Chiste enviado por Victoria Torres Mas, de Valencia, 13 años.

A C T I V I D A D **5**

Consejos

Hay un programa de radio que se llama 'Consejos'. La gente con problemas de relaciones o personalidad escribe al programa y una experta responde con su consejo.

Pon la forma correcta de **ser** o **estar** en la carta.

Escucha el programa.
Comprueba.

Estimada Sra:

Le escribo porque _____ desesperado.

Mi novia me abandonó. Prefiere a mi amigo y yo _____ enamorado terriblemente de ella. ¿Por qué? No lo comprendo. Yo _____ inteligente y serio, pero también _____ tímido y no _____ atractivo. _____ un poco gordo y bajo, pero _____ muy simpático. Mi amigo _____ alto y delgado, _____ rubio, _____ rico; pero _____ loco y siempre _____ enfadado. Su carácter _____ terrible.

No sé qué hacer. Mi corazón _____ roto y _____ solo. ¿Qué puedo hacer? Agradeciendo su atención, le saluda atentamente,

Corazón roto

B Consejos

ACTIVIDAD 6

Tienes que + infinitivo

Ejemplo:

A: Estoy cansado.
B: Tienes que tomar unas vacaciones.

ACTIVIDAD 7

Lee la carta de 'Corazón roto'. Inventa unos consejos.

ACTIVIDAD 8

Los consejos de la radio

Escucha los consejos.

1 Compara con los consejos de la Actividad 7.
2 ¿Qué consejos son diferentes?
3 ¿Hay más información sobre 'Corazón roto', su amigo y su novia?
4 ¿Qué dice la señora de la radio sobre estas tres personas?

> **¡Atención!**
>
> olvidar = *to forget*
> pensar = *to think*

ACTIVIDAD 9

Estudiante A: esta página
Estudiante B: página 231

Explica tus problemas a un(a) amigo/a.
Da consejos a un(a) amigo/a.

Estudiante A: problemas

1 examen/la próxima semana
2 coche/estropeado
3 fiebre/no comer

ACTIVIDAD 10

Instrucciones:

Escribir una carta corta al programa 'Consejos'.
Recoger y mezclar todas las cartas.
Elegir una carta cada persona.
Responder con consejos.
Hacer un programa de 'Consejos' con las cartas.

C Invitaciones

Invitar

¿Quieres . . . ?	*Do you want to …?*
¿Te gustaría (ir al cine conmigo)?	*Would you like to go to the cinema with me) ?*
¿Puedes …?	*Can you …?*

¡Atención!

conmigo	=	*with me*
contigo	=	*with you*
con él	=	*with him*
con ella	=	*with her*
con Vd	=	*with you (formal)*
con nosotros/as	=	*with us*
con vosotros/as	=	*with you*
con ellos/as	=	*with them*
con Vds	=	*with you (formal)*

Aceptar

Sí, vale.
De acuerdo.
Sí, me gustaría.
¡Estupendo!
¡Claro!

Negar

No, lo siento.
No puedo.
No, gracias.

Excusas

Estoy cansado/a.	*I'm tired.*
Estoy ocupado/a.	*I'm busy.*
Tengo que (estudiar).	*I have to (study).*
Mi madre está enferma.	*My mother is ill.*
No me apetece (ir al cine).	*I don't feel like it (going to the cinema).*
No me gusta (el cine).	*I don't like the cinema.*
No quiero ir al cine hoy.	*I don't want to go to the cinema today.*

Cuatro personas invitan a otras cuatro.
Completa la información.

	Lugar	Aceptar/Negar	Excusa/problema
1			
2			
3			
4			

Inventa diálogos con un(a) compañero/a.

1 Ejemplo:
A: ¿Quieres ir al fútbol conmigo?
B: No, gracias.
A: ¿Por qué no?
B: ¿Porque no me gusta el fútbol.

Continúa: inventa más excusas.
2 la playa
3 la discoteca
4 un concierto de rock
5 las tiendas
6 una fiesta

Inventa más.

A C T I V I D A D

14

Rafael y Carmen

Os invitamos a nuestra boda el día 10 de agosto en la iglesia San Martín a las 13 horas. La comida será a las 14 horas en el restaurante Sol. Se ruega contestación.

Queridos Rafael y Carmen,
Gracias por la invitación a vuestra
boda. Lo siento, pero

Enhorabuena y os deseamos mucha
felicidad

Begoña Escalada

¡Atención!

enhorabuena = *congratulations*
nuestro/a   = *our*
vuestro/a   = *your*

D Voy a cenar en un restaurante

ir a + infinitivo

Ejemplos:

A: ¿Quieres venir conmigo?
B: No, gracias. Voy a cenar en un restaurante.
A: ¿Quieres ir a la piscina?
B: No, gracias. Voy a ver a mis padres.

Hoy es miércoles. María quiere invitar a Alfonso.

1 ¿cine?
2 ¿piscina?
3 ¿fiesta?
4 ¿discoteca?

1 clase de inglés
2 sí
3 estudiar
4 amigos

1 Escucha y completa la agenda de María.
2 Escucha y completa la agenda de Alfonso.
3 ¿Qué día van a salir juntos?
4 ¿A dónde van a ir?

| Lunes 16 Mayo. |
| Martes 17 Mayo. |
| Miércoles 18 Mayo.   ¿Cine? |
| Jueves 19 Mayo. |
| Viernes 20 Mayo. |
| Sábado 21 Mayo. |
| Domingo 22 Mayo. |

| Lunes 16 Mayo. |
| Martes 17 Mayo. |
| Miércoles 18 Mayo. |
| Jueves 19 Mayo. |
| Viernes 20 Mayo. |
| Sábado 21 Mayo. |
| Domingo 22 Mayo. |

¿Qué vas a hacer este fin de semana?
Pregunta a tus compañeros/as de clase.

ACTIVIDAD **18**

En un museo   ¿qué puedes hacer?
¿qué no puedes hacer?

Une los verbos con los dibujos.

Indica lo que $\left\{ \begin{array}{l} \text{puedes} ✔ \\ \text{no puedes} ✗ \end{array} \right\}$ hacer.

Nº 176568

ENTRADA

MUSEO
Pablo Gargallo
EXCMO. AYUNTAMIENTO DE ZARAGOZA
Pza. San Felipe, 3 • Telf. 21 79 97 • 50003 Zaragoza

● En este **Museo** puede mirar, pasear, tocar, tomar notas, comer, hablar, aprender, fotografiar, descansar, consultar, fumar, colaborar en su conservación.

tomar notas
mirar
fumar
hablar
pasear
descansar
tocar
aprender
consultar
fotografiar
comer

¡Atención!

una entrada = *a ticket (entrance)*

Mira la entrada y comprueba.

E Vamos al cine

ACTIVIDAD **19**

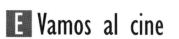

¿Vamos al cine?
Une los símbolos con las palabras.
una película romántica
de terror
cómica
de dibujos animados
policiaca
del oeste
de ciencia-ficción

¿Qué tipo de películas te gustan?
Busca una película que quieres ver.
Invita a tu compañero/a al cine.
Convence a tu compañero/a.

Trabaja con un(a) compañero/a.
Estudiante A: elige una película.
Estudiante B: haz las preguntas.

MARTES	**02.20 h.**	**La 2**	★★★★ +13

El pisito

Primera película de Marco Ferreri, que rueda en España y que es tan suya como de Rafael Azcona, el guionista que, con mucho humor negro, refleja la cruda realidad de la época. Ante el problema de la vivienda, una pareja de novios que lleva largos años intentando conseguir un piso y poderse casar, decide que sea él quien se case con la vieja dueña de la pensión donde vive y así, cuando ella muera, heredará la casa. Una obra maestra de la comedia, que sigue tan viva hoy como entonces.

Humor	Acción	**Comedia**	España	1958	B/N	75 m.
• • •						
Violencia •	Sexo		Director: Marco Ferreri. Con José Luis López Vázquez, José Isbert, Mary Carrillo, Concha López Silva, María Luisa Ponte, Celia Conde.			

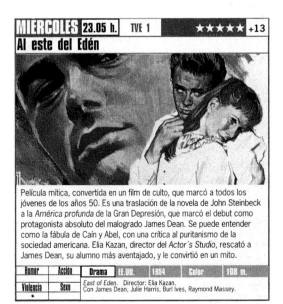

MIÉRCOLES	**23.05 h.**	**TVE 1**	★★★★★ +13

Al este del Edén

Película mítica, convertida en un film de culto, que marcó a todos los jóvenes de los años 50. Es una traslación de la novela de John Steinbeck a la *América profunda* de la Gran Depresión, que marcó el debut como protagonista absoluto del malogrado James Dean. Se puede entender como la fábula de Caín y Abel, con una crítica al puritanismo de la sociedad americana. Elia Kazan, director del *Actor's Studio*, rescató a James Dean, su alumno más aventajado, y le convirtió en un mito.

Humor	Acción	**Drama**	EE.UU.	1954	Color	108 m.
Violencia	Sexo	*East of Eden.* Director: Elia Kazan.				
•		Con James Dean, Julie Harris, Burl Ives, Raymond Massey.				

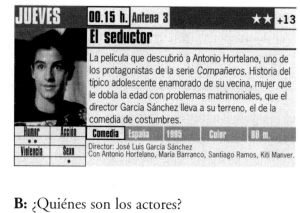

MIÉRCOLES	02.15	La 2	★★★★	TP

El empleo

Utilizando actores no profesionales, Ermanno Olmi –en la foto–, director de *El árbol de los zuecos* y *La leyenda del santo bebedor*, recrea la vida cotidiana y bastante banal de un muchacho que acaba de conseguir su primer empleo, con grandes dosis de ternura y poesía. Una tardía muestra del neorrealismo italiano.

Humor	Acción	Drama	Italia	1961	B/N	105 m.
•						
Violencia	Sexo					

Il Posto. Director: Ermanno Olmi.
Con Loredana Detto, Sandra Panzeri.

JUEVES	00.15 h.	Antena 3	★★	+13

El seductor

La película que descubrió a Antonio Hortelano, uno de los protagonistas de la serie *Compañeros*. Historia del típico adolescente enamorado de su vecina, mujer que le dobla la edad con problemas matrimoniales, que el director García Sánchez lleva a su terreno, el de la comedia de costumbres.

Humor	Acción	Comedia	España	1995	Color	86 m.
• •						
Violencia	Sexo					
	•					

Director: José Luis García Sánchez
Con Antonio Hortelano, María Barranco, Santiago Ramos, Kiti Manver.

B: ¿Qué película vas a ver?
A: _____

B: ¿Cómo se llama en la versión original?
A: _____

B: Quién es el director?
A: _____

B: ¿Quiénes son los actores?
A: _____ .

B: ¿De qué año es?
A: _____ .

B: ¿Qué más información tienes?
A: _____ .

¿Qué más información hay de las películas?

ACTIVIDAD 22

¿Por qué no vamos al cine?
Une las frases con los dibujos.
Escucha y comprueba.

A C T I V I D A D
23

Escucha estos anuncios de la radio sobre los espectáculos para el fin de semana.
Busca los mismos espectáculos en el folleto.

DIA 10

TEATRO

Humor. Actuación de **Pepe Rubianes** con su espectáculo «Sin palabras»
Hora: *23 h.*
Lugar: *Teatro del Mercado, Plaza Sto. Domingo.***Nota:** el domingo día 11 sesión a las 20 h.

CINE

Proyección de la película «Límite 48 horas» de **Walter Hill**, con *Nick Nolte y Eddie Murphy.***Hora:** *19,30*
Entrada: *150 ptas.*
Lugar: *Colegio Mayor Universitario La Salle, c/ San Juan de la Cruz, 22.*
Nota: El domingo 11, igual programación.

DEPORTES

Nota: El domingo día 11 de enero, partido de Baloncesto entre los equipos C.N. Helios y R. Zaragoza.

Partido perteneciente a la Liga Nacional de 2.ª División Masculina.
Lugar: *Pabellón Deportivo de la Caja de Ahorros de Zaragoza Aragón y Rioja.*
Hora: *12,30 h.*

Partido de fútbol de la Liga Nacional Juvenil Grupo 2.º entre los equipos: *C.N. Helios y Michelín (San Sebastián).*
Para mayor información, C.N. Helios.

DIA 12

CONFERENCIAS

Inicio del Curso Monográfico sobre Arquitectura Veneciana a cargo de D. Federico Torralba.
1.ª Conferencia.
Hora: *20 h.*
Lugar: *Salón de Actos de la CAI, P.º Independencia, 10.*

Inicio del Curso de Conferencias sobre «Diagnóstico para comenzar el año». Conferencia sobre «la situación política», a cargo de **Fernando Onega.**
Hora: *20 h.*
Lugar: *Centro Pignatelli, P.º Constitución, 6.*

EXPOSICIONES

Exposición fotográfica de Marrie Bot.
Hora: *17 a 21 h.*
Lugar: *Galería Spectrum, c/ Concepción Arenal, 19-23.*

Exposición de fotografías de Carlos Dolader y Juan Aldabaldetrecu (Zaragoza). Inauguración
Hora: *18,30 a 21 h.*
Lugar: *Sala Municipal de Arte Joven, Avda. de Goya, 87-89.*
Exposición de Cristina Carré. Pintura.
Hora: *19 a 21 h.***Lugar:** *Sala Torre Nueva, c/ Torre Nueva, 35.*
Exposición de Julio González. Escultura, pintura y dibujo. Inauguración.
Hora: *19 a 21 h.*
Lugar: *Centro de Exposiciones de la CAZAR, c/ San Ignacio de Loyola, 10.*
Exposición de pinturas de Joaquín Escuder
Hora: *10 a 13 y 17 a 21 h.*
Lugar: *Museo Pablo Gargallo, Plaza S. Felipe.*
Exposición sobre asiático: marfil, jade y coral.
Hora: *11 a 13 y 18 a 21 h.*
Lugar: *Sala de Arte Goya, Plaza del Pilar, 16.*
Exposición de Francisco Cortijo. Pinturas y dibujos.
Hora: *19 a 21 h.*
Lugar: *Sala Luzán, P.º Independencia, 10.*

Exposición «Italiana 1950-1986». Pintura y escultura contemporánea italiana.
Exposición antológica de pintura y escultura contemporánea italiana. Se exponen obras de 47 artistas en una selección realizada por Achille Bonito Oliva.
Lugar: *Sala del Palacio de los Condes de Sástago, Coso, 44.*
Organiza: *Comisión de Cultura de la Diputación Provincial de Zaragoza.*

Exposición de pintura de Andrés Cillero. Inauguración.
Hora: *11 a 14 y 18 a 21 h.*
Lugar: *Sala Muriel, c/ Giménez Soler, 7.*

Exposición de Francisco Cortijo. Pinturas y dibujos.
Hora: *19 a 21 h.*
Lugar: *Sala Luzán, P.º Independencia, 10.*

Exposición de pintura de Andrés Cillero.
Hora: *11 a 14 y 18 a 21 h.*
Lugar: *Sala Muriel, c/ Giménez Soler, 7.*

DIA 13

Inauguración del salón **PROEXPORT.** Salón de apoyo a la exportación.
Lugar: *Feria de Muestras de Zaragoza, ctra. de Madrid.*

CONFERENCIAS

Curso monográfico sobre Arquitectura Veneciana a cargo de D. Federico Torralba.

2.ª Conferencia.
Hora: *20 h.*
Lugar: *Salón de Actos de la CAI, P.º Independencia, 10.*

Conferencia del ciclo «Diagnóstico para comenzar el año». *Se tratará el tema de la «Situación religiosa» a cargo de **D. Manuel Unciti.***
Hora: *20 h.*
Lugar: *Centro Pignatelli, P.º Constitución, 6.*

EXPOSICIONES

Exposición fotográfica de Marrie Bot.
Hora: *17 a 21 h.*
Lugar: *Galería Spectrum, c/ Concepción Arenal, 19-23.*

Exposición de fotografías de Carlos Dolader y Juan Aldabaldetrecu (Zaragoza). Inauguración
Hora: *18,30 a 21 h.*
Lugar: *Sala Municipal de Arte Joven, Avda. de Goya, 87-89.*

Exposición de Cristina Carré. Pintura.
Hora: *19 a 21 h.*
Lugar: *Sala Torre Nueva, c/ Torre Nueva, 35.*

Exposición de Julio González. Escultura, pintura y dibujo. Inauguración.
Hora: *19 a 21 h.*
Lugar: *Centro de Exposiciones de la CAZAR, c/ San Ignacio de Loyola, 10.*

Exposición «Italiana 1950-1986». Pintura y escultura contemporánea italiana.
Exposición antológica de pintura y escultura contemporánea italiana. Se exponen obras de 47 artistas en una selección realizada por Achille Bonito Oliva.
Lugar: *Sala del Palacio de los Condes de Sástago, Coso, 44.*
Organiza: *Comisión de Cultura de la Diputación Provincial de Zaragoza.*

Exposición de pinturas de Joaquín Escuder
Hora: *10 a 13 y 17 a 21 h.*
Lugar: *Museo Pablo Gargallo, Plaza S. Felipe.*

Exposición sobre asiático: marfil, jade y coral.
Hora: *11 a 13 y 18 a 21 h.*
Lugar: *Sala de Arte Goya, Plaza del Pilar, 16.*

Lee el texto sobre esta película y contesta.

1 ¿Dónde viven las protagonistas?
2 ¿Qué tipo de película es?
3 ¿Cómo son Marta y Ana?
4 ¿Qué relación tienen Marta y Ana?
5 ¿Qué profesión tiene Marta?
6 ¿Quién está casada, Ana o Marta?
7 ¿Quién es Santi?
8 ¿Quién es Alberto?

PAREJA DE TRES

Dos grandes actrices del cine español juntas por primera vez en una comedia romántica dirigida por Antoni Verdaguer. La película, rodada en Barcelona, habla de personas y sentimientos y reivindica la generosidad y la liberación. *Pareja de tres* es la quinta película que dirige este director catalán, nacido en Terrassa en 1954.

Marta (Rosa M. Sardá) y Ana (Carmen Maura) son dos amigas de edad madura. Marta es un poco antipática, trabaja en una oficina de abogados, no está casada y es muy independiente. Ana, por el contrario, es abierta y simpática, está casada y depende completamente de su marido, Santi (Emilio Gutiérrez Caba). Santi es el amante de Marta. Ana lo sabe y no le importa. Ana conoce a otro hombre, José. La relación entre Marta, Ana y Santi entra en crisis y Santi abandona a las dos, Ana, su mujer, y Marta, su amante.

Ana va a vivir con Marta, pero sus caracteres son muy diferentes y vivir juntas es difícil. Entonces aparece Alberto (Joaquín Kremel), un abogado que va a enfrentar de nuevo a las dos mujeres en un conflicto definitivo.

Vocabulario en casa: la informática

ACTIVIDAD 25

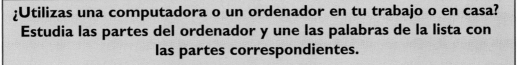

¿Utilizas una computadora o un ordenador en tu trabajo o en casa? Estudia las partes del ordenador y une las palabras de la lista con las partes correspondientes.

El ordenador:
a el disquete
b el disco duro
c el monitor
d el ratón
e el teclado
f el joy-stick/la palanca

g el CD-Rom
h la consola
i el disco compacto
j la pantalla
k la impresora
l el módem

Gramática

VERBOS: **ser** y **estar** *(with qualifying or quality adjectives)*

Contraste: Pedro **es** simpático pero hoy **está** enfadado

estar *for changes of state (mood) and for how you feel (illnesses)*

estar + adverbio
Por ejemplo: estoy bien
                        regular
                        mal

VERBOS:

poder = *to be able*
          = *to be permitted*
querer = *to want (would like)*
             (for inviting)

ir a + infinitivo

(futuro)

Voy a cenar en un restaurante = *I'm going to eat in a restaurant.*

tener que + infinitivo

For advice:

Tienes que ir al médico.
*You should go to the doctor
(literally: you have to ...)*

Me gustaría …	*I would like …*	conmigo	*with me*
¿Te gustaría …?	*Would you like….?*	contigo	*with you*
¿Por qué?	*Why?*	con él	*with him*
porque	*because*	con ella	*with her*

Vocabulario para la próxima lección

Medios de transporte

el coche
el autobús
el tren
el avión
el autocar
la motocicleta (la moto)

el metro
la bicicleta
el barco

Ir **en** coche/avión/bicicleta
Ir **a** pie/caballo

Vocabulario

Verbos	*Verbs*
aceptar	*to accept (an invitation)*
apetecer	*to feel like*
(No me apetece)	*(I don't feel like it)*
aprender	*to learn*
cansarse	*to get tired*
(Me canso)	*(I'm getting tired)*
consultar	*to consult*
enamorarse	*to fall in love*
(Me estoy enamorando)	*(I'm falling in love)*
enfadarse	*to get angry*
negar	*to refuse (an invitation)*
olvidar	*to forget*
resfriarse	*to get a cold*
tocar	*to touch*

Adjetivos / *Adjectives*

Adjetivos	*Adjectives*
cansado/a	*tired*
corto/a	*short*
desesperado/a	*desperate*
enfadado/a	*angry*
enfermo/a	*ill*
largo/a	*long*
ocupado/a	*busy*
(estar) resfriado/a	*to have a cold*
simpático/a	*nice, pleasant (person)*
tímido/a	*shy*

Espectáculos / *Entertainment*

Espectáculos	*Entertainment*
concierto	*concert*
corrida	*bullfight*
estadio	*stadium*
fiesta	*party, celebration*
obra (teatro)	*play*
partido (de fútbol)	*(football) match*
sala (de actos)	*(concert) hall*

Películas / *Films*

Películas	*Films*
una comedia	*a comedy*
una película cómica	*a funny film*
dibujos animados	*cartoons*
una policiaca	*a police thriller*
protagonista (m/f)	*the hero, the protagonist*

Nombres / *Nouns*

Nombres	*Nouns*
antigüedad (f)	*old thing, antique, old building*
boda	*wedding*
consejo(s)	*advice*
corazón (m)	*heart*
felicidad (f)	*happiness*
(feliz)	*happy*
fiebre (f)	*temperature, fever*
folleto	*brochure*
lector (a)	*reader*
novio/a	*fiancé, fiancée, boy/girlfriend*
pañuelo	*handkerchief*

Expresiones útiles / *Useful expressions*

Expresiones útiles	*Useful expressions*
¿Cómo estás?	*How are you?*
¿Qué tal?	*How are you?, how are things?*
Lo siento	*I'm sorry*
además	*besides*
entonces	*then, so*
Vale	*OK, that's enough, agreed, etc.*
¡Estupendo!	*Great! Fantastic!*
¡Claro!	*Of course*
¡Felicidades!	*Congratulations!*
¡Enhorabuena!	*Congratulations!*

10

¿A dónde vamos?

Transport:
  Buying tickets
  Enquiring about departure/
  arrival times
  Describing facilities

Holidays:
  Making plans, discussing
  intentions
  Describing holiday resorts

A   Un billete de ida y vuelta, por favor

ACTIVIDAD 1

María compra un billete de tren para Santander en la estación de Chamartín en Madrid.

María	Quiero un billete de ida y vuelta para Santander, por favor, para mañana muy temprano.
Empleado	¿En el Electrotrén?
María	¿Es el más rápido?
Empleado	¡El Talgo es más rápido, pero sale más tarde.
María	¡Bien. El Electrotrén. ¿A qué hora sale?
Empleado	A _____.
María	¿Y a qué hora llega?
Empleado	A _____.

¡Atención!

un billete de ida y vuelta = *a return ticket*
un billete de ida/un billete sencillo = *a single ticket*
RENFE = Red Nacional de Ferrocarriles Españoles

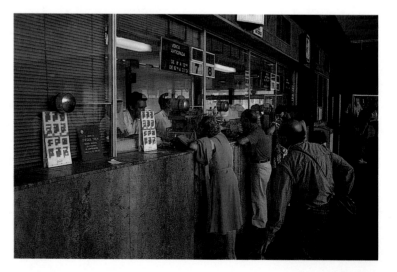

María	De acuerdo.
Empleado	¿De _____ clase?
María	Sí. No fumador. ¿Puedo reservar la vuelta?
Empleado	Sí. ¿Qué día vuelve?
María	El _____ por la tarde.
Empleado	De acuerdo. Son _____ pesetas. Aquí tiene el billete.
María	Muchas gracias.
Empleado	A usted.

1 Escucha y completa la información.
2 ¿Por qué va en el Electrotrén?
3 ¿Reserva un asiento de ida sólo?
4 ¿Cuánto vale el billete?
5 ¿Tiene reserva?

Un billete de tren

Comprueba la información en el billete.
Hay más información en el billete. ¿Qué información es?
Hay dos errores en el billete. ¿Cuáles son?

71	N° C 498335		BILLETE + RESERVA	EL	001 APPE0114-
	RENFE				00000000 0010
	011413800092 31113				13:54

DE →	A	CLASE	FECHA	HORA SALIDA	TIPO DE TREN	COCHE	N° PLAZA	DEPARTAMENTO	N° TREN
MCHAMARTIN	SANTANDER	2	29.05	08.00	ELECTRO	0121	043P	FUMADOR	00203
HORA DE LLEGADA-->: 13.55						CLIMATIZ.			

Tarifa **005 RESERVA DE PLAZA**
Forma de pago **CHEQUETREN** 00855113 00000000 ****31,00€

PROHIBIDO FUMAR FUERA DE LA ZONA RESERVADA. CONSÉRVESE HASTA EL FINAL DEL VIAJE

Los trenes de la RENFE (Red Nacional de Ferrocarriles Españoles)

Lee.

Los más rápidos son el AVE, el Talgo y el TER. Estos trenes viajan entre las ciudades principales de España y son muy cómodos y rápidos.
El Talgo es el tren más rápido pero es el más caro. Es el

más cómodo. El tren que se llama Rápido también hace largos recorridos pero para en más estaciones.
El Electrotrén es tan cómodo como el Talgo.
Los trenes de cercanías son los Tranvías y los Ferrobuses.
Hay un nuevo tren de la RENFE. Se llama el AVE (Tren de Alta Velocidad). Este tren viaja entre Madrid y Sevilla y entre Madrid y Barcelona. Viaja a 250 kilómetros por hora.

Comparativos

El Talgo es **más** rápido **que** el Tranvía.
El TER es **más** cómodo **que** el Ferrobús.

El Ferrobús es **menos** rápido **que** el TER.
El Tranvía es **menos** cómodo **que** el Talgo.

El Electrotrén es **tan** cómodo **como** el Talgo.

Superlativos
El Talgo es **el** tren **más** rápido **de** la RENFE.

Estudiante A: esta página
Estudiante B: página 231

Estudiante A: 1 Eres el/la cliente. Estudiante B te pregunta a dónde quieres ir, cuándo quieres ir y si quieres ida y vuelta.
Quieres un billete: Sevilla, 25/7, ida y vuelta.

Estudiante B tiene más detalles del billete. Pregunta a Estudiante B y completa los detalles.

Hora de salida _____   Hora de llegada _____
Precio _____   Tipo de tren _____

2 Cambia. Ahora tú tienes la información del billete de Estudiante B.
Pregunta a Estudiante B a dónde quiere ir, cuándo quiere ir, y si quiere ida y vuelta.
Estudiante B necesita la información del billete.
Explica.

71	Nº C 498335	BILLETE + RESERVA	EL 0001 APPEO 114
			00000000 0010

RENFE

DE ⟶ A	CLASE	FECHA	ORA SALIDA	TIPO DE TREN	COCHE	Nº PLAZA	DEPARTAMENTO	Nº TREN
ZARAGOZA MCHAMARTIN	2	14.08	09.00	TALGO	0121	043P	FUMADOR	00203
HORA DE LLEGADA ⟶			12.45		CLIMATIZ			

Tarifa   005 RESERVA DE PLAZA
Forma de pago   CHEQUETREN   00855113   000000000 EUROS *****33,00

ACTIVIDAD 6

Estudia estos billetes.

TRANSPORTES URBANOS
DE ZARAGOZA, S.A.
N.I.F. A-50002930
PRECIO SEGUN
TARIFAS VIGENTES | TE
I.V.A. incluido
CONSERVESE ESTE BILLETE
HASTA FINAL DE TRAYECTO

342951

ZONAS 1 23 4
NIÑOS I/R
06 JUL
11:32 00

COOPERATIVA AUTO - TAXI
DE ZARAGOZA
Avda. Gómez Laguna, 155 · Tel * 75 14 14

N.I.F.
Nº Licencia   Matrícula   Fact. Nº
Usuario   N.I.F. o C.I.F.
Hora   Desde   DELICIAS
Hasta   AEROPUERTO.
Móvil   Zaragoza a 29 de AGOSTO
6:600   Incluido I.V.A.   El Conductor,   El Usuario
CONSUMA PRODUCTOS
GALP

Transportes Urbanos
de Zaragoza, S.A.
N. I. F. A-50002930

Nº 953032 F

PRESENTAR A PETICION
DE AGENTES T.U.Z.S.A.
Y MUNICIPALES

PRECIO SEGUN TA
VIGENTE
INCLUIDO 6% I.V.

Metro
Sencillo

018033
L01 E0115 V01
T2

11:29

CONSERVESE HASTA LA SALIDA
NO DOBLAR
IVA INCLUIDO

A9   21
P10 20
P   18
P   17
A8   17
P2   16
P2   16
P7   16

A8

CALMELL S.A.

grupo ENATCAR
Servicio de Atención al Cliente: C/ Alcalá, 478 - 28027 MADRID . Tel. 91 327 05 40

RENFE
ZARAGOZA
CANFRANC

1   ¿Cuál es el medio de transporte de cada billete?
2   ¿Qué más información hay en cada billete?

Lee el texto y mira los dibujos.

El billete o bono-bus se guarda durante todo el trayecto a disposición de los inspectores.

Los niños deberán viajar con billete o bono-bus a partir de los cuatro años de edad.

No se debe fumar en el interior de los autobuses.

Si el bono-bus se utiliza por más de una persona debe quedar en posesión de la última que abandone el bus.

Ya disponemos de autobuses con aire acondicionado.

El conductor-perceptor puede cambiar billetes de hasta 500 pesetas.

El autobús es el sistema de transporte más barato en la ciudad.

Viajando en autobús contribuimos a crear un tráfico más fluido en la ciudad.

¿Sí o No?

1 "Yo tengo cinco años. No tengo que pagar en el autobús."
2 "Tienes que guardar el billete durante todo el viaje."
3 "Sólo puedes fumar en una parte del autobús."
4 "Dos personas pueden utilizar el mismo bonobús."
5 "No hay autobuses con aire acondicionado".
6 "Sólo tengo un billete de 2000 pesetas. No puedo viajar en el autobús."
7 "Es barato viajar en autobús."
8 "Viajar en coche por la ciudad es más rápido que en autobús."

Escucha y comprueba.

Anuncios de tren

Escucha cada anuncio y contesta.
1 ¿A dónde va el tren?
2 ¿De qué vía sale?
3 ¿Qué tipo de tren es?
4 ¿Más información?

Estudiante A: esta página
Estudiante B: página 232

1 **Estudiante A:** Tienes que completar la información para el horario de trenes. Necesitas el tipo de tren, la hora de salida y la hora de llegada. Pregunta a Estudiante B.

Ejemplo: ¿A qué hora sale el tren que llega a las 6'44? etc.

ZARAGOZA

	SALIDA	LLEGADA	
EXPRESO (1)	3'49	6'03	
		6'44	Circula del 7-VII al 10-IX
INTERURBANO	7'30		
AUTOMOTOR	12'02	14'29	
INTERURBANO	12'30	15'15	
	13'07		
INTERURBANO		16'40	
ELECTROTREN	16'15	18'09	
	16'20		
ELECTROTREN	17'16		
EXPRESO		23'57	
	00'56	3'30	(1)

(1) Circula del 7-VII al 10-IX

 REΠFE

LOGROÑO

ZARAGOZA

	SALIDA	LLEGADA	
EXPRESO	3'20	5'43	
EXPRESO	4'20	6'27	
INTERURBANO	6'10	8'40	
INTERURBANO (1)	8'00	11'18	
ELECTROTREN	11'13	13'05	
INTERURBANO	12'35	15'27	
AUTOMOTOR	14'50	17'15	
EXPRESO	15'30	17'39	
ELECTROTREN	16'36	18'33	
INTERURBANO (2)	17'30	20'26	

(1) Cambio en Castejón solo días laborables.
(2) Cambio en Castejón.

REΠFE

PAMPLONA

2 Ahora tú tienes todos los detalles. Estudiante B te pregunta.

B El futuro

ACTIVIDAD 10

visitaré	comeré	iré
ás	ás	ás
á	á	á
emos	emos	emos
éis	éis	éis
án	án	án

Note: the endings of all three verb types are the same and are formed from the infinitive.

¡Atención!

voy a visitar Argentina
visitaré Argentina } = I'm going to visit/I will visit Argentina

These are interchangeable. For further explanation see Grammar section.

ACTIVIDAD 11

Lee la carta de Vicky a su amigo.

¡Hola, Pepe!
Llegaré a Madrid el 4 de abril. ¿Vas a recogerme en el aeropuerto? Si no puedes, iré a Córdoba en tren. Estaré allí hasta el viernes y entonces iré a Granada en autocar. Voy a quedarme en casa de Montse.
El sábado por la mañana iremos al mercado y a mediodía comeremos en el Albaicín. Por la tarde vamos al cine y por la noche seguramente iremos de tapas. El domingo queremos ir a la Sierra, ¿crees que todavía habrá nieve?

o también podremos ir a la playa si no hace mucho frío.
Durante la semana creo que visitaré a los amigos. Estaré allí hasta el lunes. Después volveré a Córdoba y me quedaré con mi familia hasta el fin de semana. Llegaré a Londres el día diecisiete.
¡Ah! Se me olvidaba ¿me invitarás a comer en el restaurante chino, ¿no?

Hasta pronto

Vicky

¡Atención!

si = *yes*
si = *if*

Busca esta información:

1 El nombre de la ciudad a donde irá.
2 Los nombres de dos ciudades más. ¿Por qué las menciona?
3 Si Pepe irá a buscarla.
4 Qué harán el sábado por la mañana.
5 Qué harán el sábado por la noche.
6 Si irán a la playa.
7 Si sus amigos viven en Córdoba.
8 Dónde vive.
9 Dónde estarán sus padres.
10 Si le gusta la comida china.

Busca los verbos en el futuro.
Hay un verbo irregular.
¿Cuál? ¿Cómo se forma?

ACTIVIDAD 12

Rosa habla de sus vacaciones en Formigal, una estación de esquí.

1 Uno de los dibujos no se menciona. ¿Cuál?

2 ¿Sí o No?

a No esquía mucho.
b Va en autocar porque es más barato que el tren.
c Pasarán las noches en un hotel.
d Comerán en sitios baratos porque no tienen dinero.

Estudiante A: esta página
Estudiante B: página 233

Estudiante A: Tienes el anuncio de un servicio de autocar a la estación de esquí que se llama Formigal.
Estudiante B tiene la información de lo que ofrece la estación de esquí en Formigal.

SALIDA GARANTIZADA

SUBIDA DIARIA A FORMIGAL

ZARAGOZA: Paseo María Agustín, 7

	Laborables	Sábados y festivos
Transporte más remontes	23,50	28,50

Salida: a las 6 horas (a las 9 esquiando)
Regreso: a las 17'30 horas
AUTOCAR DE LUJO equipado con Video.
Proyección de películas durante el viaje

INFORMACION Y RESERVAS: EN TODAS LAS AGENCIAS DE VIAJES

ORGANIZA: **SUNTRAVEL-SKI** G.A.T. 1.500

1 Estudiante B te preguntará sobre la información del viaje. Contesta.
2 Pregunta a Estudiante B ...
   ... si hay cursos de esquí y el precio.
   ... cómo ir a las pistas de esquí.
   ... actividades para después de esquiar.
   ... otros servicios.
   ... precio para niños.
   ... más información.

Escribe la información.
Comprueba con Estudiante B.

C Verbos irregulares en el futuro

hacer haré/harás/hará/haremos/haréis/harán

Ejemplo: ¿Qué harás el fin de semana?

poder podré/podrás/podrá/podremos/podréis/podrán
salir saldré/saldrás/saldrá/saldremos/saldréis/saldrán
venir vendré/vendrás/vendrá/vendremos/vendréis/vendrán
tener tendré/tendrás/tendrá/tendremos/tendréis/tendrán

Pregunta a tus compañeros/as.

¿Qué harás …
… mañana?
… este fin de semana?
… el año que viene?
… el año próximo?
Da la información a la clase.

Trabaja en grupos de tres.

Estudiante A: esta página   **Estudiante C:** página 236

Estudiante B: página 234

Problema: Organizar una reunión entre los tres.

Ejemplo:

A: ¿Estarás libre el martes por la mañana?

B: Sí, estaré libre.

C: No estaré libre. Tengo clase por la mañana.

	Mañana.	Tarde.
1 S		
2 D		
3 L	11 Clase de inglés	Clases toda la tarde
4 M		7 Fútbol - tv -
5 Mi	Clase - toda la mañana	6·30 Cuidar - Miguel
6 J	Al museo - Con mi Clase	
7 U		4 - A la Montaña

¿A dónde vamos de vacaciones?
Une las frases con las imágenes.

¡Atención!

Me interesaría = *I would be interested
in ...*
Me encantaría = *I would love to ...*

Yo prefiero tomar el sol y no hacer nada.

A mí me interesaría ver edificios antiguos.

A mí me encantaría ir a una gran ciudad para ir de compras y a las discotecas.

Yo quiero ir a las montañas. Es más sano.

Escribe las frases.

Luis quiere ir a _____   Ana quiere ir a _____
Juan quiere ir a _____   María quiere ir a _____

Trabaja en grupos de tres o cuatro.
Cada miembro del grupo elige un lugar.
Piensa en las ventajas y desventajas.
Elegid un lugar para ir todos juntos.

Escribe tus planes para las vacaciones.
¿A dónde irás?
¿Cómo irás?
¿Dónde dormirás?
¿Qué harás?

Escribe toda la información.

Trabaja en un grupo de cuatro. Decide quién tiene los planes más interesantes.

EN CASA O EN CLASE

ACTIVIDAD 20

Mira las fotos del folleto Vacaciones IBERIAMERICA.

1 ¿Cuáles son las vacaciones más caras?
2 ¿El precio incluye el viaje del aeropuerto a la ciudad?
3 ¿El precio incluye el hotel?
4 ¿El precio incluye excursiones?
5 ¿Qué información hay en las fotos?
6 ¿Qué harás/verás en Panamá?
                              Cuba?
                              Perú?
                              Brasil?
                              Ecuador?
                              Guatemala?

Ecuador
15 días desde
2550 €
* Incluye alojamiento, traslados ciudad/aeropuerto y visitas a Caracas, Bogotá, Cartagena de Indias, Quito y 4 noches en pensión completa en el "Hotel" Orellana. GAT 848

Panamá
9 días desde
1325 €
* Incluye alojamiento, visita de dos días a la Isla Contadora y traslados ciudad/aeropuerto. GAT 8

Perú
9 días desde
1650 €
* Incluye alojamiento, traslados ciudad/aeropuerto y visita a Lima, Cuzco y Machu Picchu con almuerzo incluido. GAT 8

Brasil
10 días desde
1150 €
* Incluye alojamiento, desayuno, traslados ciudad/aeropuerto y visita. GAT 8

Cuba
10 días desde
850 €
* Incluye alojamiento, desayuno y visitas a La Habana, Varadero y Santa María del Mar. GAT 711.

Guatemala
9 días desde
1375 €
* Incluye alojamiento, traslados ciudad/aeropuerto y excursiones a Tikal (almuerzo incluido), Antigua, Atitlán, Chichicartenango y Guatemala. GAT 175

ACTIVIDAD 21

Lee el texto del mismo folleto.

Añade más información para cada país.

Ejemplo:
En Panamá iré a la playa.
Panamá tiene playas bonitas.

Este año, no se limite a envidiar las vacaciones de otros. Salga Vd. en la foto.

En Iberiamérica, sólo tiene que elegir el marco de sus sueños.

¿Le gustaría, quizás, verse en las doradas arenas de una playa tropical, saboreando una "Piña Colada"?

Iberiamérica le ofrece las playas de Panamá, Costa Rica, Venezuela...

O, si prefiere que sean las de una isla, tenemos las de Cuba, Puerto Rico, República Dominicana, Curaçao...

Si, en vez de playas, quiere en sus fotos un fondo de ruinas precolombinas, la elección, una vez más, es lo único difícil.

Porque le espera el Machu Picchu en Perú, el Templo del Sol de Teotihuacán en México, los colosales monumentos de la Isla de Pascua en Chile...

Y a pocas horas de los restos de antiguas civilizaciones, el vertiginoso crecimiento de las nuevas: Nueva York, Montreal, Ciudad México, Río, Santiago, Buenos Aires...

Si quiere las cataratas más grandes del mundo, le llevaremos a las del Niágara. O a la caída de agua más alta, la del Salto del Angel, en plena selva venezolana.

Iberiamérica le ofrece también volcanes como el Chimborazo, en Ecuador, o el Tajumulco, en Guatemala...

Balnearios como los de Acapulco en México, Punta del Este en Uruguay, Contadora en Panamá, Miami en Estados Unidos...

Museos como el Museo del Oro, en Bogotá, o el Guggenheim en Nueva York, Selvas como las de Canaima en Venezuela o el Matto Grosso en Brasil.

Mundos de ensueño como Disneyworld o Epcot Center en Miami.

Y si lo suyo es ir de compras, puede escoger entre los típicos mercados indígenas de Quito en Ecuador, la Zona Franca de Colón en Panamá o las rutilantes tiendas de la Quinta Avenida neoyorquina. Y todo eso, a su alcance.

Porque tenemos para Vd. numerosos viajes "todo incluido".

Este año, sus euros le llevarán muy lejos.

ACTIVIDAD 22

Lee el itinerario de un viaje y escribe un texto en forma de carta. Utiliza el futuro.

Empieza:
El primer día saldremos en avión a Miami. Llegaremos al hotel.
El segundo día iremos a México en vuelo regular.

Continúa.

Itinerario

COMBINADO MÉXICO-TAXCO- ACAPULCO

Día 1.º ESPAÑA/MIAMI
Salida desde la ciudad de origen en avión de línea regular con destino a Miami. Llegada y alojamiento.

Día 2.º MIAMI/MÉXICO
Por la mañana salida en vuelo regular a México, a la llegada asistencia y traslado al hotel. Alojamiento

Día 3.º y 4.º MÉXICO D.F
Días libres a disposición durante los cuales se podrán realizar visitas y/o excursiones opcionales. Estancia en el hotel en régimen de alojamiento y desayuno.

Día 5.º MÉXICO DF/CUERNAVACA/TAXCO
Después del desayuno salida en autocar hacia Cuernavaca. Llegada, tiempo libre para un pequeño tour de orientación y seguidamente almuerzo. Por la tarde continuación hasta Taxco. A la llegada se efectuará una visita de la ciudad con tiempo libre para compras. Cena y alojamiento en el hotel.

Día 6.º TAXCO/ACAPULCO
Salida después del desayuno a Acapulco. Llegada a mediodía. Instalación en el hotel. Alojamiento.

Día 7.º ACAPULCO
Días libres a disposición, durante los cuales se podrá disfrutar de sus playas y del ambiente típicamente cosmopolita de esta ciudad. Recomendamos no dejen de presenciar el espectáculo de los Clavadistas de la Quebrada, con sus siempre impresionantes saltos en picado al mar. Estancia en el hotel en régimen de alojamiento y desayuno.

Día 8.º ACAPULCO/MÉXICO D.F
Desayuno en el hotel. A una hora previamente concertada, traslado al aeropuerto. Salida en vuelo de línea regular en viaje de regreso a México D.F. A la llegada recepción y traslado al hotel. Alojamiento.

Día 9.º MÉXICO/ESPAÑA
Día libre a disposición durante el cual podrán efectuar sus últimas compras. Por la tarde a última hora, traslado al aeropuerto. Salida en vuelo de regreso a España, noche a bordo.

Vocabulario en casa

ir de vacaciones	*to go on holiday*
una agencia de viajes	*travel agency*
un crucero	*a cruise*
una excursión	*a trip/ excursion*
un viaje organizado	*a package holiday*
un itinerario	*an itinerary*
la temporada extra	*peak season*
alta	*high season*
media	*mid season*
baja	*low season*
un folleto	*a brochure*
un mapa	*a map*
un plano	*a plan*
un horario de trenes	*a train timetable*
el precio	*the price*
un suplemento	*a supplement*
un descuento	*a discount*
el seguro	*travel insurance*

Gramática

EL FUTURO
Verbos regulares:
visitar**é**
volver**é** } **-ás -á -emos -éis -án**
ir**é**

Formed by the infinitive + the same endings for all verb types.

Irregulares:

poder = podr**é**
tener = tendr**é**
salir = saldr**é**
venir = vendr**é**
hacer = har**é**
hay: habrá = *there will be*

COMPARATIVOS:
más ... que
menos … que
tan … como

El AVE es **más** rápido **que** el Rápido.
El Rápido es **menos** rápido **que** el Talgo.
El Electrotrén es **tan** cómodo **como** el Talgo.

SUPERLATIVOS:

el más …
El AVE es **el** tren **más** caro de la RENFE.

Vocabulario para la próxima lección

CUALQUIER ESTACION ES BUENA PARA VIAJAR EN TREN.

Las estaciones:

el verano
el invierno
la primavera
el otoño

Une las estaciones con los dibujos.

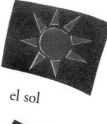

el sol

la nube

la nieve

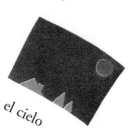

el cielo

la lluvia

Vocabulario

Verbos	**Verbs**
guardar	*to keep*
mencionar	*to mention*
montar (a caballo)	*to ride (a horse)*
navegar	*to sail*
tomar el sol	*to sunbathe*
viajar	*to travel*

Adjetivos	**Adjectives**
agradable	*pleasant*
cómodo/a	*comfortable*
interesante	*interesting*
lento/a	*slow*
libre (un día libre)	*free (a free day, a day off)*
rápido/a	*fast*
sano/a	*healthy*

Adverbios	**Adverbs**
tarde	*late*
temprano	*early*

Nombres	**Nouns**
aire libre (m)	*open air*
asiento	*seat*

billete (m)	*ticket*
caballo	*horse*
clase (f)	*type, make*
compras	*shopping*
desventaja	*disadvantage*
disfraz (disfraces) (m)	*fancy dress, disguise*
edificio	*a building*
fumador (m)	*smoker (smoking car in train)*
ida	*outward journey*
ida y vuelta	*return ticket*
itinerario	*itinerary*
llegada	*arrival*
lugar (m)	*place, spot*
método	*method*
pensionista (m/f)	*pensioner*
salida	*departure*
tarjeta de crédito	*credit card*
turista (m/f)	*tourist*
ventaja	*advantage*
vuelta	*return journey*

Expresiones útiles	**Useful expressions**
de acuerdo	*agreed, OK*

11

¿ Q u é   t i e m p o   h a c e ?

The weather	Describing your state: thirsty,
Seasons, months	hungry, cold etc
Exclamations	Telephone language
Requests	

A El tiempo 1

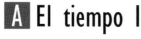

Juan	Dígame.
Rosa	¿Está Juan?
Juan	Sí, soy yo. ¿Quién es?
Rosa	Soy Rosa.
Juan	¡Hola Rosa! ¿Qué tal?
Rosa	Muy bien. ¡Estupendo! ¿Y tú? ¿Qué haces?
Juan	Pues, regular. Tengo mucho trabajo y hace mal tiempo. Mira, en este momento estoy trabajando y …
Rosa	¡Qué pena! Aquí hace calor y mucho sol. Hace muy buen tiempo.
Juan	¡Qué suerte! Aquí llueve todos los días y hace frío. Está lloviendo ahora mismo. ¿Y qué haces?
Rosa	Pues voy a la playa todas los días. Esto es fantástico. Ahora estoy tomando el sol y después voy a cenar a un restaurante con unos amigos.

Preguntas
1 ¿Quién está de vacaciones?
2 ¿Qué tiempo hace donde está Juan?
3 ¿Qué tiempo hace donde está Rosa?
4 ¿Dónde está Juan?
5 ¿Dónde está Rosa?

¡Atención!

¡Qué pena! = *What a pity!*
¡Qué suerte! = *What luck!*

ACTIVIDAD 2

¿Qué tiempo hace?

Hace buen tiempo.
El tiempo es bueno.

Hace mal tiempo.
El tiempo es malo.

1 Hace sol.　　　**2** Hace calor.　　　**3** Hace frío.

5 Llueve.
(llover)

6 Nieva.
(nevar)

7 Hay niebla.　　　　　　**8** Hay tormenta.

Une los dibujos con las frases. Escucha y comprueba.

4 Hace viento

el sol
el calor
el frío
el viento
la lluvia
la nieve
la tormenta

ACTIVIDAD 3

1 Hace mucho calor, ¿verdad?
2 Hay mucha nieve, ¿verdad?
3 Hace mucho viento hoy.
4 Hay mucha niebla.
5 ¡Qué frío hace!

ACTIVIDAD 4

Lee estas tres postales.
Cada postal describe una estación del año: el verano, el invierno, la primavera o el otoño. ¿Qué postal habla de qué estación?

Querida mamá:
Estamos pasando unos días estupendos porque hace un tiempo muy bueno. Hace mucho sol, pero también hay mucha nieve así que estamos todo el día en la montaña.
Hasta el domingo.
Besos de
Rosa Mª

Ediciones Sicilia - ZARAGOZA

Sra. Dña.
Rosa Yuste
C/ Molina nº 28-6ºC
Cuenca

Nº 49 CANFRANC - PIRINEO ARAGONES
RIO SETA-ESCUELA MILITAR DE MONTAÑA
PICOS DEL AGUILA-GARGANTA DE AISA Y ASPE.

Querida Marta:
¿Qué tal estás? Espero que bien. Llevamos una semana aquí y el tiempo es muy malo. Es una pena. Hace calor pero no para de llover y no puedo salir de casa.
Tengo ganas de volver a España pero va a ser ya.
Besos:
Noelia

P.4. Castell Rhaglan, Gwent.
Llun o'r awyr.
Raglan Castle, Gwent.
Air view.

Y Swyddfa Gymreig/Welsh Office. Hawlfraint y Goron © Crown Copyright 1984.
Printed for HMSO by CBL Colour Print Limited, Cwmbran

Marta Laguna
c/ Monasterio de Poblet
Nº 16, 3º 12q.
50.008 - Zaragoza
SPAIN

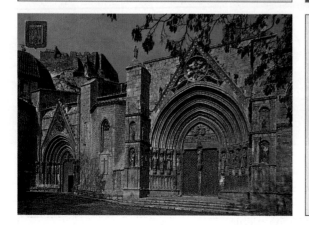

Querida Ana,
Estoy pasándolo muy bien en las fiestas pero hace mucho viento y llueve. Menos mal que no hace frío todavía.
Hasta pronto,
Escríbeme
Besos
José.

COMAS ALDEA - CASTELLON DE LA PLANA
reproducción prohibida

La postal de la amistad
La carte postale de l'amitié
The friendship post card
Die Freundschaftskarte
O postal da amizade

Sr. José Ezquerra
C/ Verónica 1-5º-D
Castellón

Nº 2 MORELLA
Iglesia Arciprestal
Église Archiprêtre
Archpriest Church

Ediciones Picqué, 1 - Barcelona

Escribe una postal a un(a) amigo/a. Describe el tiempo ahora.
¿Qué tiempo hace?
o
Escribe la postal con estos detalles:
Tiempo horrible/frío/lluvia/viento/niebla. Mañana: nieve
pero sol.
Inventa otra postal.

Lee estos datos del clima de Aragón, una comunidad
autónoma de España.

ARAGON es una tierra a la vez diversa y unitaria. Por eso, presenta una oferta de OCIO capaz de satisfacer a cualquier persona, sea cual sea la forma de esparcimiento que prefiera: **Le guste a vd. lo que le guste ARAGON se lo puede ofrecer.**

El clima en **ARAGON** es, durante el año, deliciosamente perfecto:
• La PRIMAVERA, con muy buenas temperaturas, invita por ejemplo, a los paseos por las sierras aragonesas.
• El VERANO conjuga el sol y el calor propios de la mañana durante el día y las temperaturas frescas de la montaña durante la noche que permiten descansar a placer, o disfrutar de la multitud de fiestas populares que se celebran, sin agobios.
• El OTOÑO es una estación privilegiada en ARAGON. Con una climatología suave y agradable, y una riqueza cromática en nuestros bosques exceptional. Ideal para pasear por ellos, o recoger las preciadas setas.
• En INVIERNO, ARAGON ofrece la posibilidad del esquí. Abundancia de nieve y sol, convierten el esquí en ARAGON en una experiencia irrepetible.
Gracias a este clima, las posibilidades deportivas al aire libre en ARAGON son totales: todos los deportes acuáticos son practicables en ríos, o en numerosos embalses acondicionados al efecto; el esquí, de fondo, alpino o de travesía, encuentra en ARAGON un marco ideal; el montañismo, puede ser practicado al nivel que se desee; la equitación; todos los deportes de pista…

Ahora escucha a una persona que habla del clima en la misma zona.
¿Coincide o no coincide?

Compara.

	el texto	la persona	¿coinciden?
la primavera			
el verano			
el otoño			
el invierno			

A C T I V I D A D
7

Habla del clima en tu región o en una región de tu país que conoces. Trabaja con un(a) compañero/a. Describe el tiempo de una estación sin decir cuál. Tu compañero/a tiene que adivinar qué estación describes.

el invierno
la primavera
el verano
el otoño

B El tiempo 2

A C T I V I D A D
8

Estudia los símbolos del tiempo de un mapa.

☼ Sol	🌩 Tormenta	↙ Viento
☁ Cubierto	🌧 Granizo	— Mar llana
🌤 Variable	✳ Nieve	≈ Marejadilla
🌦 Chubasco	═ Neblina	≈ Marejada
🌧 Lluvia	☰ Niebla	⌢⌢ Mar gruesa
▲▲▲▲	▲▲▲▲	▲▲▲▲.
Frente frío	Frente cálido	Frente ocluido

Mira los mapas del tiempo de un periódico. Estudia los símbolos.
Los mapas son de dos días diferentes.

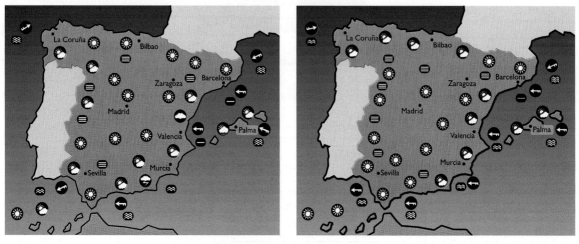

Escucha la primera parte (la previsión del tiempo).
¿Qué mapa describe?
Ahora escucha la segunda parte. Indica las temperaturas en el mapa. ¿Qué estación es?

Estudiante A: esta página

Estudiante B: página 234

Estudiante A: tienes dos mapas del tiempo. Estudiante B te pide información del mapa B. Tú pides información a Estudiante B del mapa A.

Preguntas: ¿Qué tiempo hace en …?

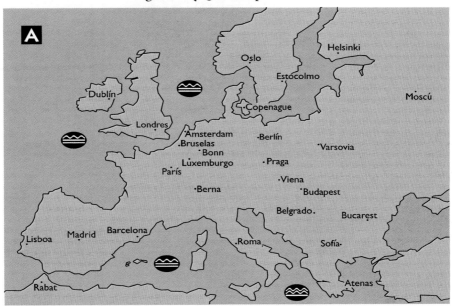

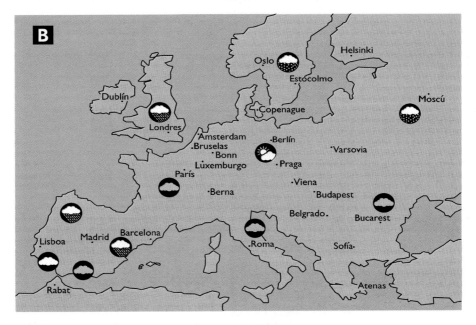

Tengo frío.

Tengo calor.

ACTIVIDAD 10

¡Atención!

Tengo sed = *I am thirsty*
Tengo sueño = *I am tired*
Tengo hambre = *I am hungry*

C Por teléfono

ACTIVIDAD 11

Escucha y ordena la conversación.

¿Está Ana?

Dígame

Sí, soy yo. ¿Quién es?

Soy María

Escucha las conversaciones telefónicas e indica de qué hablan.

	tiempo	salud	trabajo	invitación	amigos	casa	vacaciones
1							
2							
3							

Estudiante A: esta página
Estudiante B   página 235

Estudiante A: **1** Llama a Estudiante B y habla del tiempo.
Invítalo/ la al cine.
2 Estudiante B te llama. Contesta: habla de tus próximas
vacaciones, de tu nuevo/a amigo/a, y de más cosas.
3 Inventa más conversaciones.

¿Qué decimos cuando alguien llama?
Escucha las llamadas. Mira las respuestas.

1 No está.   **2** Un momento, ahora se pone.

3 Sí, soy yo.   **4** No es aquí.

¡Atención!

No está = *He/She isn't here*
No es aquí = *Wrong number (literally:*
It isn't here)

¿Cómo terminan las conversaciones de la Actividad 14?
Indica el número de cada conversación.

Perdone.
Gracias.
Soy Luis. Llamaré más tarde.
Hola, soy Pedro.

Escucha las conversaciones enteras y comprueba. Practica con
un(a) compañero/a.

¿Qué dice Elena Sánchez del teléfono?

Elena Sánchez

"La gente tiene que pensar más a la hora de facilitar el
teléfono. Hay gente que no piensa en las molestias que puede
causar el teléfono. Reconozco que no podemos vivir sin él,
pero hay veces que no me gusta nada. Yo ahora no sufro
agresiones telefónicas, pero antes sí. Hay gente que se pone
muy violenta por teléfono y te insulta o amenaza. A veces
busco un lugar sin teléfono para estar incomunicada. Es una
sensación bastante buena.

¿Sí o no?
1 Elena Sánchez piensa que el teléfono es necesario.
2 Tiene que estar cerca de un teléfono siempre.
3 Le gusta estar en un sitio donde no hay teléfono.
4 Es importante considerar si la llamada es necesaria antes de
   llamar.
5 Ella sufre muchas llamadas agresivas ahora.

D ¿Qué estás haciendo?

A: ¿Qué hace Javier?
B: Está escribiendo una carta.

A: ¿Qué estás haciendo?
B: Estoy comiendo.

¡Atención!

¿Qué haces?
= *What do you do?*
= *What are you doing?*
¿Qué estás haciendo?
= *What are you doing (now)?*

(They are often interchangeable. See Grammar section.)

A: ¿Qué estáis haciendo?

B: Estamos trabajando.

Estoy   trabaj**ando**   com**iendo**   escrib**iendo**
Estás
Está
Estamos   +
Estáis
Están

ACTIVIDAD 18

Une los dibujos con los diálogos (1-5).

Escucha otra vez.
Atención a estas expresiones:
1 ¿Puedes llamar más tarde?
2 ¿Puedes llamar luego?
3 Llamaré más tarde/Llamaré luego.
4 ¿Te puede llamar más tarde?

¿Qué significan en tu idioma?

ACTIVIDAD 19

Rosa	Javier, ¿qué haces?
Javier	Estoy estudiando. Tengo un examen mañana.
Rosa	¿De qué es el examen?
Javier	De física.
Rosa	¿Qué carrera estás estudiando?
Javier	Estoy estudiando quinto curso de Geológicas.
Rosa	¿Es muy difícil?
Javier	Sí, sí, es muy difícil.
Rosa	Pero, ¿te gusta?
Javier	Sí, me gusta mucho.

¡Atención!

Estoy estudiando (en este momento)
a Estoy estudiando geología (en la universidad)
b Estudio geología (en la universidad)

a and b mean the same.

ACTIVIDAD 20

Lee la carta y escribe la frase adecuada para cada dibujo.

¡Atención!

Estoy bañándome. = *I am bathing.*

(For position of pronouns, see Grammar section.)

Estamos pasándolo muy bien. = *We are having a good time.*

(For uses of —lo see Grammar section.)

Greixell, 25 de Agosto

Querido amigo:

¿Qué tal? Estamos pasando dos semanas en un chalet al lado de la playa. Esto es estupendo. Ahora Antonio está leyendo y la niña está durmiendo. Yo estoy tomando el sol y bañándome. Todos los días vamos a cenar al restaurante. El problema es que estoy comiendo demasiado. Vamos a la discoteca cada noche y generalmente voy a la cama muy tarde y duermo por las mañanas. Estamos pasándolo muy bien. ¡Esto es vida!

Hasta pronto

Rosa

1
2 La niña está durmiendo* (dormir)
3
4
5
6
7

ACTIVIDAD 21

Escribe una carta contestando a la carta de Actividad 20.
Si prefieres, utiliza las imágenes.

Mimo.

22

Cada estudiante elige una acción y la representa para el grupo. El grupo tiene que adivinar la acción.

Ejemplo: Estás viendo la televisión.
trabajando en el jardín.
conduciendo el coche.

EN CASA O EN CLASE

Mira un anuncio de teléfonos.

23

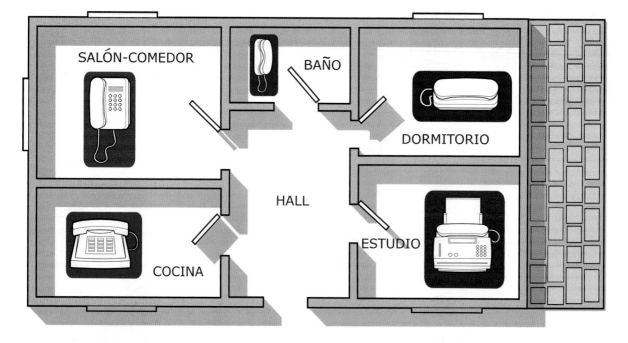

¿Desde dónde llamas si …
1 estás bañándote?
2 estás trabajando?
3 estás haciendo la comida?
4 estás en la cama?
5 estás leyendo?

A C T I V I D A D

24

Estudia los dibujos.

Decide quién **está** enfadado/a.
preocupado/a.
triste.
cansado/a.
alegre.
enfermo/a.

¿Quién **es** tímido/a?
agresivo/a?

¿Quién llama a quién? Elige dos personas de los dibujos. Una llama a la otra. Decide de qué hablan. Inventa la conversación. Trabaja con un(a) compañero/a o solo/a.

Vocabulario en casa

Otros medios de comunicación

el fax

el correo electrónico (e-mail)

el correo

el contestador automático

el teléfono móvil

la conferencia telefónica

Gramática

¿Qué tiempo hace?

Hace $\begin{cases} \text{buen} \\ \text{mal} \end{cases}$ tiempo.

El tiempo es bueno.
El tiempo es malo.

Hace sol.
     frío.
     calor.
     viento.

¡Qué calor (hace)!
¡Qué frío!

Tengo frío.
     calor.
     sed.

¡Qué estás haciendo?
Estoy trabajando.
     comiendo.
     escribiendo.

Me baño.

Por teléfono:
Dígame.
¿Está Juan?
Soy yo.
Soy Ana.

What's the weather like?

Estoy bañándo**me**.

Vocabulario para la próxima lección

Vocabulario para contar tu vida o hablar de la vida de alguien.

nacer

crecer

ir a la escuela

hacer el servicio militar

hacer una carrera (universitaria)

conocer a (alguien)

enamorarse

casarse

tener hijos

separarse

divorciarse

cambiarse de casa

jubilarse

morir

Vocabulario

Verbos	**Verbs**
abandonar	to leave, to abandon
bañarse	to bathe
conducir	to drive
esperar	to wait, to hope
llover	to rain
nevar	to snow
ponerse	to take the phone
(Ahora se pone)	He/she is just coming (to the phone)
preocuparse	to worry (oneself)

Adjetivos	**Adjectives**
alegre	happy, cheerful
difícil	difficult
distinto	different
escaso	scarce
horrible	horrible
preocupado	worried
próximo	next
seco	dry
turístico	touristic

El tiempo	**The weather**
calor (m)	heat
ciencia	science
clima (m)	climate
escasez (f)	scarcity
las estaciones (m)	the seasons
invierno	winter
lluvia	rain
niebla	fog
nieve (f)	snow
otoño	autumn
previsión (f)	forecast
primavera	spring
sequía	drought
tormenta	storm
verano	summer
viento	wind

Transporte (m)	**Transport**
aeropuerto	airport
autobús (m)	bus
avería	breakdown, fault
conductor (a)	driver

Nombres	**Nouns**
bosque (m)	a wood
clínica	clinic, hospital
Correos	the post office
examen (m)	examination
física	physics
geología	geology
hambre (f)	hunger
llamada	a (telephone) call
medida	measure
molestia	nuisance
(tarjeta) postal (f)	postcard
salud (f)	health
sed (f)	thirst
signo	sign
sueño	sleep
(Tengo sueño)	(I'm sleepy)
vacaciones (f)	holidays
ventana	window

Expresiones útiles	**Useful expressions**
¡Qué tiempo hace!	What weather!
¡Qué calor!	It's so hot!
¡Qué frío!	It's so cold!
¡Qué pena!	What a shame!
¡Qué lástima!	What a pity!
¡Qué suerte!	What luck!
ahora mismo	right now, right away
Ahora se pone	He's just coming (to the phone)
un momento (por favor)	one moment (please)
perdone	I'm sorry/excuse me
dentro de (media hora)	within (half an hour)

12

¿Qué hiciste?

Talking about the past:	Where you went
yesterday	What you did
last week	Biographies
last month	Autobiographies
last year	Diaries
holidays	

A ¿Qué hiciste ayer?

Ana	Hola Juan.
Juan	Hola Ana. ¿Qué tal?
Ana	Bien. ¿Qué vas a hacer esta tarde? ¿Quieres venir al cine?
Juan	Pues, no sé. No me apetece salir. Voy a ir a casa.
Ana	¡Qué raro! ¿Qué te pasa?
Juan	Pues ayer salí por la noche y estoy muy cansado.
Ana	¿Dónde fuiste?
Juan	Primero fui al teatro, después cené en un restaurante y luego fui a una discoteca, creo que bailé y bebí demasiado.
Ana	Pues, tengo dos entradas para el cine. ¿No quieres ir?
Juan	No, de verdad. Estoy muy cansado.
Ana	Bueno. Llamaré a Luis.

¡Atención!

ayer	=	*yesterday*
primero	=	*first(ly)*
después	=	*then, after*
luego	=	*later, then*
de verdad	=	*really*

Preguntas.
1 ¿Qué va a hacer Juan esta tarde?
2 ¿Quién invita a quién?
3 ¿Qué tiene Ana?
4 ¿Qué va a hacer Ana esta tarde?
5 ¿Va a ir Juan con Ana?
6 ¿Por qué?

ACTIVIDAD 2

Pretérito indefinido de los verbos regulares.

	bailar	**comer**	**salir**
(Yo)	bail**é**	com**í**	sal**í**
(Tú)	bail**aste**	com**iste**	sal**iste**
(Él/Ella/Vd)	bail**ó**	com**ió**	sal**ió**

+ dos verbos irregulares:

hacer	**ir**
hice	fui
hiciste	fuiste
hizo	fue

Ejemplo:

A: ¿Qué hiciste ayer?
B: Fui a la discoteca.

> **¡Atención!**
> ir *and* ser *have the same form in the simple past.*

ACTIVIDAD 3

Escribe los verbos en la forma correcta.

A: ¿Qué (**hacer**) anoche?

B: (**Ir**) a ver a mi amigo.

A: ¿(**Salir**) con él?

B: Sí. (**Ir**) al cine con él.

A: ¿Qué película (**ver**)?

B: Una policiaca. No me acuerdo del título.

A: ¿(**Hacer**) algo después?

B: Mi amigo (**volver**) a casa y yo (**ir**) a la discoteca.

A: ¿No (**cenar**) nada?

B: Ah sí. (**Cenar**) con mi amigo y después (**ir**) a casa.

Escucha el diálogo y comprueba tus respuestas.

ACTIVIDAD 4

¿Qué hizo María ayer?
Pon los dibujos (página 181) en orden y escribe una frase para cada dibujo.

Ejemplo:
1 Se levantó a las siete.

Escucha a María y comprueba el orden.

Lee lo que María escribió en su diario. Hay diferencias.
¿Cuáles son las diferencias?

ACTIVIDAD 5

15 Julio.

Ayer, día de mi cumpleaños, me levanté a las siete, como todos los días, desayuné con Pili en el bar Miguel y trabajé toda la mañana como siempre. Normalmente a mediodía como un sandwich en un bar cercano, pero ayer comí en un restaurante, El Olimpo, con Pili y Alfonso. Luego fui al Corte Inglés a comprar un regalo para mí y llegó un poco tarde al trabajo. Entré en la oficina, un poco preocupada y vi un pastel de cumpleaños en la mesa grande con dos botellas de champán. Todos mis compañeros cantaron "Cumpleaños feliz" y mi jefe me regaló un reloj en nombre de todos ellos. Fue muy emocionante.

Por la tarde visité a mis padres y cené con ellos. Pasé un día muy agradable.

ACTIVIDAD 6

Expresiones del pasado:

la semana pasada	*last week*
el mes pasado	*last month*
el año pasado	*last year*
ayer	*yesterday*
anoche	*last night*
antes de ayer/anteayer	*the day before yesterday*
hace dos semanas	*two weeks ago*

¿Qué hiciste ayer, la semana pasada, el año pasado, etc.?

ACTIVIDAD 7

Trabaja con un(a) compañero/a.
Escribe en un papel lo que hiciste ayer. Da el papel a tu compañero/a.
Ahora explica a tu compañero/a lo que hiciste pero cambia el orden.
Tu compañero/a tiene que cambiar el orden en el papel.

ACTIVIDAD 8

Completa la información para Javier, Pedro y María Teresa.

	Javier	Pedro	María Teresa
0900	universidad		
1100			
1300			presentar proyectos
1500			
1700			
2200		cenar	
2330			

ACTIVIDAD 9

Con un(a) compañero/a.
Cuenta a tu compañero/a lo que hiciste el fin de semana.
Tu compañero/a lo cuenta al resto del grupo. Comprueba.

B ¿Dónde estuviste?

ACTIVIDAD 10

Dos verbos irregulares

	estar	**tener**
(Yo)	estuve	tuve
(Tú)	estuviste	tuviste
(Él/Ella/Vd)	estuvo	tuvo

ACTIVIDAD 11

Cuatro personas (A,B,C,D) hablan de lo que hicieron durante las vacaciones.
Estudia la información.
Escucha e indica.

Medio de transporte	avión ☐	barco ☐	tren ☐	coche ☐
Lugar	montañas ☐	playa ☐	pueblo ☐	extranjero ☐
Duración	2 semanas ☐	3 semanas ☐	1 mes ☐	6 semanas ☐
Cuándo	junio ☐	julio ☐	agosto ☐	septiembre ☐
Alojamiento	hotel ☐	camping ☐	su casa ☐	casa de amigos ☐
Actividades	nadar ☐ tomar el sol ☐	excursiones ☐ montañismo ☐	paseos ☐ ciclismo ☐	teatro ☐ museos ☐

Utiliza la información de Actividad 11. Escribe frases sobre las vacaciones.

Ejemplo:

María fue de vacaciones a la playa durante seis semanas. Fue en avión y estuvo en un hotel cerca de la playa. Fue en julio y nadó mucho.

Continúa.

¡Atención!

ir de vacaciones = *to go on holiday*
estar de vacaciones = *to be on holiday*

Pregunta a tus compañeros/as sobre las vacaciones.

Ejemplos: ¿Dónde fuiste de vacaciones?
¿Cuándo fuiste?
¿Cómo fuiste? etc.

Plurales

	bailar	**comer**	**salir**
(Nosotros/as)	bail**amos**	com**imos**	sal**imos**
(Vosotros/as)	bail**asteis**	com**isteis**	sal**isteis**
(Ellos/as) } (Ustedes)	bail**aron**	com**ieron**	sal**ieron**

Una encuesta de toda la clase.
Utiliza la información de Actividad 13.
Calcula: cuántas personas fueron en avión
fueron a la playa
etc.

Este estudiante visitó Aragón, en España, en un viaje de estudios.
Lee su diario.
Escribe la frase que corresponde a cada dibujo, foto o entrada. Señala los errores gramaticales.

Sábado, seis de Enero.

Dormimos hasta las dos, y a las cuatro, fuimos, con las profesoras, a una festival en las afueras de Zaragoza que se llama futurma. En futurma, hubo mucho para los

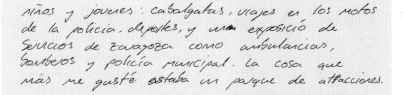

niños y jóvenes: cabalgatas, viajes en los motos
de la policía, deportes, y una exposició de
Servicios de Zaragoza como ambulancias,
bomberos y policía municipal. La cosa que
más me gusté estaba un parque de attacciones.

Domingo, siete de Enero

Nos levantamos temprano para visitar los
museos de Zaragoza. Visitamos dos museos:
uno museo de arte, y uno de escultura. Pensé
que estas fueron muy interesantes porqué me
gusta mucha el arte. Vimos también muchas
pinturas en una exposición al aire libre.

Para comer, fuimos a un restaurante donde
comimos un menú. Comí paella de primero, y
merluza de segundo.

Por la tarde, fuimos a un parque muy
grande donde paseamos, hicimos carrera y
saltamos

Cuando volvimos al hotel, estábamos muy
cansados, y dormimos.

Martes, nueve de Enero.

Nos levantamos a las seis para ir a una
ciudad que se llama Belchite, bastante cerca
de Zaragoza. El viaje en autocar duró una
hora más o menos y cuando llegamos, la
ciudad estaba desierto. La profesora nos dijó
que todo el mundo estaba en los campos,
recogiendo las aceitunas.

Vimos una fábrica pequeña donde algunos
hombres fabrican el pan para la zona cerca
de Belchite: Mucho, mucho pan.

Entonces, fuimos a la fábrica donde se
fabrica el aceite de oliva ¡No he visto
nunca tantas aceitunas! Muy interesante.

La cosa más interesante en Belchite fue
la ciudad vieja. Fue una ciudad, destruída
en la guerra civil España, y ahora
completamente desierta. Quedan algunos
edificios, o media edificios, incluso dos

Jueves, once de Enero

Por la mañana, fuimos a una vista de las
iglesias y monumentos de Zaragoza, con la
prima de nuestra profesora. una señorita muy
simpática que se llama María jesús. fuimos
a la Aljafería, un palacio árabe del siglo XI,
y a la basílica del pilar.
Tuvimos la tarde libre, y fui de compras
en el centro de Zaragoza.
Por la noche, volvimos al bar, donde fuimos
el viernes. Jugué al billar con los españoles

ACTIVIDAD 17

En un papel, escribe tu propia agenda de las últimas
vacaciones.
No escribas tu nombre.
Mezcla tu agenda con las agendas de tus compañeros.
Cada compañero/a toma una agenda y adivina de quién es.
Si lo prefieres, prepara la agenda en casa antes.

C Ésta es mi vida

ACTIVIDAD 18

Mira los dibujos de los momentos importantes de la vida de
Ana.
Escucha y pon las fechas con el dibujo al que corresponden.

Haz una lista de los verbos que utiliza Ana.
Escribe su historia.

Trabaja con un(a) compañero/a.

Estudiante A: Cuenta tu vida a Estudiante B.

Estudiante B: Toma notas.

Ejemplo:

1980	Nació en Londres.
1998	Estudió idiomas en la universidad de Edimburgo, etc.

Ahora cambia. Cuenta la vida de tu compañero/a al grupo.

Dos textos sobre dos personas famosas.
Rellena la ficha para cada persona.

«Soy **Pilar Matos**, nacida en Barcelona y con los años que cada uno cree que tengo. Dejé los estudios de química y empecé en el cine, donde fuí script y ayudante de dirección. Luego puse en marcha el departamento de spots de Sagi. Hace millones de años escribí en "El Correo Catalán" y "Fotogramas". Actualmente presento y dirijo en "Radio Intercontinental, Cadena Catalana y Rueda Rato" un programa que se llama "La noche es de Pilar"»

«Soy **Manuel Campo Vidal**, casado, con una hija y un bebé en camino. Nací en el año 1951 bajo el signo de Aries, estudié ingeniería técnica, periodismo y sociología en la Escuela de Altos Estudios de París. Trabajé en "El Ciervo", en "Triunfo", en "Tele-eXpress", en "El Periódico", en "Informaciones" y posteriormente en RTVE. Actualmente presento "Punto y aparte" en la SER»

Nombre y apellidos:

Lugar y fecha de nacimiento:

Estudios realizados:

Trabajos:

Trabajo actual:

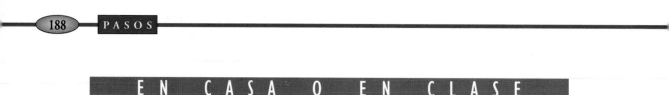

D Ésta es su vida

ACTIVIDAD 22

Personajes famosos españoles

EDUARDO NORIEGA. Nació en Santander. Es uno de los actores jóvenes españoles más conocidos. Ha trabajado con el director Alejandro Amenábar en las películas *Tesis* y *Abre los ojos*. A Noriega parece que le gustan las películas 'thriler' porque aparte de *Tesis* y *Abre los ojos* ha hecho otro 'thriler' que se llama *Nadie conoce a nadie*.

INÉS SASTRE. Nació en Valladolid en 1973, Inés combina las carreras de actriz y modelo. Empezó a los catorce años en una película (*El Dorado*) de Carlos Saura. Estudió en París y habla francés perfectamente. Es licenciada en literatura francesa. Es una cara famosa en las revistas de moda, mientras sigue rodando películas.

CARMEN MAURA. Durante muchos años ha sido una actriz muy cotizada, tanto en el cine como en el teatro. Es descendiente del político español Antonio Maura. Su género favorito es la comedia y ha trabajado en varias películas de Pedro Almodóvar, incluyendo *Mujeres al Borde de un Ataque de Nervios* en 1988.

MIGUEL BOSÉ. Nació en Madrid, hijo del famoso ex torero Luis Miguel Dominguín y de la actriz italiana Lucía Bosé, de quien adoptó su apellido artístico. De peculiar y atractivo físico, también ha probado fortuna en el cine.

1 Una biografía no dice dónde nació. ¿Cuál?
2 Solo una dice cuándo nació. ¿Cuál?
3 a Su madre es italiana.
  b Su madre es actriz.
  c Su padre fue torero.
4 a ¿Quién es político?
  b ¿Quién es director de cine?
5 Escribe una característica de cada personaje.
6 Uno de los textos no usa el pretérito indefinido. ¿Cuál es?
7 Uno de los textos sólo usa un verbo en pretérito indefinido. ¿Cuál es?
8 Busca los verbos en el pretérito indefinido y escríbelos en el infinitivo.

Lee esta biografía de una persona famosa.
¿Sabes quién es?

1899	Nace en Nueva York.
1915	Ejército: servicio militar.
1926	Matrimonio con Helen Menken.
1928	Divorcio. Matrimonio con Mary Philips.
1929	Un cazatalentos (*talent scout*) lo descubre.
1930	Su primera película: *El Conquistador*.
1937	Separación de Mary Philips.
1941	Su primer éxito (*success*): *El Ultimo Refugio*.
1943	Una película famosa. ¿Cómo se llama?
1945	Matrimonio con Lauren Bacall. Dos hijos: Stephen (1949) y Leslie (1952)
1949	Actividad política. Solidaridad con los perseguidos por el Comité de Actividades Anti-Norteamericanas.
1957	Muere.

Respuesta: página 235.

Escribe la biografía con frases completas.
Escucha y comprueba.

Piensa en un personaje famoso.
¿Qué información sabes de él/ella?
Escribe su biografía sin decir el nombre.
Tus compañeros/as adivinan quién es.

Lee la biografía de Pablo Casals en la página 190.

1 ¿Qué significan en su vida estos lugares:
 … Vendrell?
 … Barcelona?
 … Madrid?
 … París?
 … Puerto Rico?

Hoy, un programa biográfico sobre Pablo Casals

"GRANDES MUSICOS"

Una nueva mini-serie dedicada a las grandes figuras de la música española se inicia con Pablo Casals en TVE-2, a las 22.30 h., en sustitución de «Relatos arqueológicos». Por el programa también pasarán otros artistas como Rodolfo Halffter, Xavier Montsalvatpe y Pablo Sorozábal.

AGUSTIN Navarro es el guionista y director de la mini-serie «Grandes músicos» que se inicia hoy con la primera parte de la biografía del insigne violonchelista catalán Pablo Casals. El programa recorre los lugares donde pasó los años de su infancia y juventud y le sigue a través del largo periplo de conciertos alrededor del mundo, con documentos fílmicos de sus más importantes momentos.

Nacido en Vendrell, Tarragona, en 1876, Casals inició los estudios de piano siendo niño, aunque pronto pasó a dedicarse al violonchelo. A los 12 años ingresó en la Escuela Municipal de Música de Barcelona, donde pronto formó un trío de ejecución de piezas clásicas.

Madrid y París fueron dos grandes saltos para el joven genio que obtuvo plaza como violonchelista en la Orquesta de Lamoureux. Fue entonces cuando empezó a cosechar sus primeros triunfos, ya que a partir de entonces recorrió como solista las principales ciudades del mundo, que le consideró único en su especialidad por la pureza de sus interpretaciones.

El 18 de julio de 1936, ensayando la Novena Sinfonía de Beethoven en el Palau de la Música, recibe la noticia del alzamiento militar. Coro y orquesta interpretan el «Himno a la alegría» como despedida. La guerra y el exilio en Prades (Francia) y en Puerto Rico precederían y coincidirían, sin embargo, con no pocas glorias. Tenía 84 años cuando estrenó su oratorio «El pesebre» y 99 cuando compuso el Himno a las Naciones Unidas.

Foto: KEYSTONE

---

2 Busca los verbos en pretérito y pon el infinitivo.
Ejemplo: pasó = pasar

A C T I V I D A D
27

Lee este artículo sobre Carmen Calvo y contesta las preguntas.
Nota: algunos verbos (nacer, presentar, participar) se refieren al pasado pero aparecen en el presente.
Escríbelos en el pasado.

Un lenguaje minucioso

M.F-C

Nacida en Valencia, en 1950, Carmen Calvo estudia en la Facultad de Bellas Artes de su ciudad. Durante la segunda mitad de los años setenta, presenta sus trabajos en las galerías españolas entonces más activas, como Buades, Vandrés o Yerba. En 1980 participa en «New images from Spain», una de las muestras pioneras en llevar las últimas corrientes artísticas españolas por Estados Unidos, en un recorrido que se inició en el Guggenheim. Entre 1983 y 1985 residió en Madrid, estableciéndose posteriormente en París.

Las galerías Theo y Luis Adelantado, de Valencia; Miguel Marcos, de Zaragoza; Pelaires, de Palma de Mallorca; Michael Dunev, de San Francisco; y la madrileña Gamarra & Garrigues – origen de su presencia en este Salón – son sus principales citas en los ochenta, una década que termina con la concesión del Premio Alfons Roig. En su trabajo plantea un sutil acercamiento a materiales habitualmente ajenos a la pintura, como es el barro cocido, en una práctica que le ha obligado a ocupar el espacio, dándole mayor importancia al volumen y las instalaciones.

1 ¿Dónde nació?
2 ¿Cuándo nació?
3 ¿Dónde estudió?
4 ¿Cuál es su profesión?
5 ¿Qué es Yerba?
6 ¿En qué año y dónde hubo una exposición llamada *New Images from Spain?*

> **¡Atención!**
>
> Hubo = *There was/were*

Gramática

EL PRETÉRITO INDEFINIDO DE LOS VERBOS REGULARES

Visité a mis padres
¿Comiste en casa?
Salió con su amigo

VERBOS IRREGULARES

hacer hice/hiciste/hizo/hicimos/hicisteis/hicieron
ser/ir fui/fuiste/fue/fuimos/fuisteis/fueron
estar estuve/estuviste/estuvo/estuvimos/estuvisteis/estuvieron
tener tuve/tuviste/tuvo/tuvimos/tuvisteis/tuvieron
ver vi/viste/vio/vimos/visteis/vieron

Hubo = *There was/were*

VERBOS REFLEXIVOS	ADVERBIOS DE TIEMPO
enamorarse de	ayer
separarse de	anteayer
divorciarse de	primero
casarse con	después
jubilarse	luego
cambiarse de casa	
trasladarse a	

Vocabulario para la próxima lección

Los síntomas	Symptoms
(el) dolor de cabeza	= *headache*
(el) dolor de garganta	= *sore throat*
(la) fiebre	= *temperature*
(el) dolor de estómago	= *stomach ache*
(la) tos	= *cough*
(la) diarrea	= *diarrhoea*

Las enfermedades	Illnesses
la gripe	= *flu*
el catarro	= *a cold, catarrh*
una infección	= *an infection*
un virus	= *a virus*
una intoxicación	= *food poisoning*
una insolación	= *sunburn*

Remedios	Remedies
una inyección	= *an injection*
unas pastillas	= *pills, tablets*
una pomada	= *ointment*
un jarabe	= *syrup*

Vocabulario

Verbos — *Verbs*

apetecer — *to feel like*
(Me apetece salir) — *(I feel like going out)*
acordarse — *to remember*
corresponder — *to correspond*
mantener — *to maintain*
morir — *to die*
pasar — *to happen*
(No sé qué me pasa) — *(I don't know what's happening to me)*
trasladarse — *to move (a business, house*

Nombres — *Nouns*

cualidad (f) — *quality*
Derecho — *Law (as a subject for study)*
ejército — *the army*
encuesta — *survey*
éxito — *success*
extranjero — *foreigner, stranger*

reloj (m) — *watch, clock*
servicio militar — *military service*
taller (m) — *workshop*

Adjetivos — *Adjectives*

demasiado — *too much, too many*
emocionante — *exciting*
particular — *private*

Adverbios — *Adverbs*

anoche — *last night*
ayer — *yesterday*
después — *after*

Expresiones útiles — *Useful expressions*

¡Qué raro! — *How strange!*
¿Qué te pasa? — *What's the matter (with you)?*
¿De verdad? — *Really?*

13

¿ Q u é t e p a s a ?

Parts of the body	Describing
Illnesses	what has happened to you
Remedies	where you have been
Advice	what you have done
Reporting a theft	Describing lost property and personal belongings

A ¿Qué te pasa?

Médico	¿Qué le pasa?
Ana	Pues, no sé. He tenido un catarro muy fuerte y ahora me duele la cabeza y el oído.
Médico	Vamos a ver … Parece que tiene un poco de infección. ¿Ha tenido mareos?
Ana	No. Pero me encuentro muy mal.
Médico	¿Es usted alérgica a los antibióticos?
Ana	No.
Médico	Bueno, pues le voy a recetar estas pastillas. Tiene que tomar una después de cada comida.
Ana	De acuerdo.

Preguntas
¿Cuáles son los síntomas?
¿Cuál es el diagnóstico?
¿Cuál es la receta?
¿Cuál es el consejo?

> ### ¡Atención!
>
> ¿Qué le pasa? ⎫
> ¿Qué te pasa? ⎭ = *What's the matter (with you)?*
>
> Me duele … = *It hurts (me)*
> (Verbo: doler   Nombre: dolor (m))
>
> Me encuentro … = *I feel …*
> (Verbo reflexivo)
>
> una receta = *a prescription*
>
> recetar = *to give a prescription*

El cuerpo humano

ACTIVIDAD 2

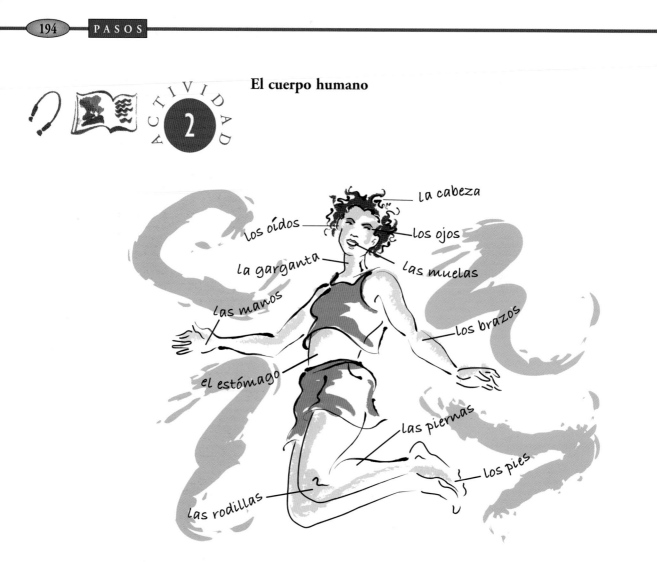

la cabeza

los oídos

los ojos

la garganta

las muelas

las manos

los brazos

el estómago

las piernas

las rodillas

los pies

¡Atención!

Me duele la cabeza. = *My head hurts.*
NOT Me duele mi cabeza.

los dientes	= *(front) teeth*
las orejas	= *(outer) ears*

Me duele la cabeza.   Me duelen los ojos.
Te duele   Te duelen
Le duele   Le duelen
Nos duele   Nos duelen
Os duele   Os duelen
Les duele   Les duelen

Me duele el estómago.
Tengo dolor de estómago.

ACTIVIDAD 3

Trabaja con un(a) compañero/a.
Escucha los diálogos.
Indica la parte del cuerpo en el dibujo.

1	**4**
2	**5**
3	

Trabaja con dos o tres compañeros/as con el dibujo del cuerpo humano.

Ejemplo:

Estudiante A: ¿Qué te pasa?

Estudiante B: Me duele el estómago.

Estudiante A: (Indica el estómago en el dibujo.)

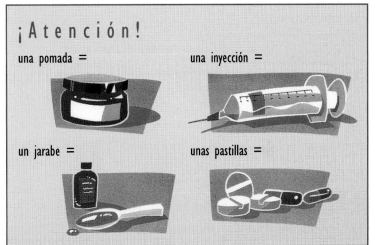

Une los síntomas, las enfermedades y las recetas.

Síntoma(s)	**Enfermedad**	**Receta**
dolor de cabeza	una indigestión	pomada
(me duele la cabeza)	una intoxicación	inyecciones
dolor de estómago	una insolación	pastillas
fiebre	la gripe	jarabe
(tengo fiebre)	una infección del oído	supositorios
diarrea	un virus	
dolor de ojos	una infección de la garganta	
dolor de oídos	un catarro	
escozor en la espalda		
mareos		
dolor de garganta		

¡Atención!

Tengo dolor de estómago = *I have stomach ache*
              oídos   *earache*
              cabeza   *headache*

A C T I V I D A D 6

Con un(a) compañero/a, utiliza la información de Actividad 5.

Ejemplo (formal):

A: ¿Qué le pasa?

B: Tengo dolor de garganta.

A: Tiene una infección. Tiene que tomar unas pastillas.

Continúa.

A C T I V I D A D 7

Oferta Médica
Lee los anuncios de médicos.

MEDICINA GENERAL

DAVID ALLUE
Tenor Fleta, 48 - 12,30 a 1,30 h.
Gran Vía, 17 - Sánitas

OBESIDAD

NUEVA IMAGEN
CONSULTORIO MEDICO
OBESIDAD - DOLOR
TABAQUISMO - CEFALEAS
San Miguel, 17 - Tel. 22 53 13

MONTAMOS SUS GAFAS EN 1 HORA
Zatorre
Interpretación exacta de su receta
Adaptación de lentillas
Aparatos auditivos
Paseo Independencia, 25
Tel. 23 38 51

José Mª Pérez Pérez.
Lourdes Villar Baquero.
PSICOLOGIA ESCOLAR
Y CLINICA INFANTIL.
Avda. Madrid, 78-80. Of. 10
Tlfno. 31 04 01.

CENTRO MEDICO DE
ACUPUNTURA
TRADICIONAL
María del Mar Udina Altafaj
José Castillo Vicente
MEDICOS - ACUPUNTORES
Pº Fernando el Católico, 12,
pral. izqda. Tlfno. 35 38 39
50005 ZARAGOZA

ALERGIAS

CENTRO MEDICO DE ALERGIA Y ASMA
Dra. Zapata - Dr. Pola
Especialistas en Alergia
Pza. del Carmen, 9. 1º B
Tlfno. 22 40 19

Consultorio Ginecológico
Dr. TEIXEIRA
Revisiones • Partos • Cirugía de la Mujer
Sanclemente, 25 Tlfno. 23 51 25 - 50001 ZARAGOZA

VETERINARIOS
Clínica Veterinaria Ruiseñores
Dtor. Rafael Cueva Calavia
Dr. Alcay, 11 - Tel. 37 32 48

CLINICA DENTAL
DR. LUIS RASAL ORTIGAS.
Médico Estomatólogo
Odontología Conservadora y Preventiva • Endodoncia
(desvitalización) • Prótesis • Estética dental • Cirugía Oral.
Tlfno. 21 96 41. Previa petición de hora.
Avda. Goya, 4. 1º D - 50006 ZARAGOZA

óptica lacalle
RECETAS MEDICAS - LENTES DE CONTACTO
OJOS ARTIFICIALES - APARATOS PARA SORDOS
FOTOGRAFIA
Santa Teresa, 59   Fernando el Católico, 43
Tel. 45 30 97   Tel. 56 56 62

CRUZ ROJA ESPAÑOLA
ZARAGOZA

976 22 22 22
☎
URGENCIAS
COORDINACION PROVINCIAL

¿A dónde vas si …

1 … te duele una muela?
2 … tienes un niño enfermo?
3 … te duele la cabeza?
4 … tu gato está enfermo?
5 … tienes un accidente?
6 … estás muy gordo?
7 … estás embarazada?
8 … necesitas gafas?
9 … te gusta la medicina alternativa?
10 … tienes una alergía?

Une las fotos con los diálogos 1-4.

ACTIVIDAD 8

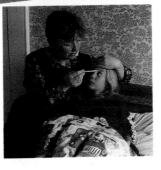

ACTIVIDAD 9

Sugerencias

¿Por qué no …? + presente
¿Por qué no vas al médico?

Debes + infinitivo.
Debes ir al médico.

Tienes que … + infinitivo
Tienes que ir al médico.

Hay que … + infinitivo
Hay que ir al médico.

Ejemplos:

A: Me duele la cabeza.
B: ¿Por qué no tomas una aspirina **ahora mismo?**

A: Tengo fiebre. Me encuentro mal.
B: Tienes que ir a la cama **inmediatamente.**

A: Me duele la muela.
B: Debes ir al dentista **pronto.**

A: Tengo dolor de estómago y no puedo comer.
B: Hay que ir al médico **en seguida.**

Completa la información.

1 Porcentaje de mujeres mayores de 65 años enfermas:
_____

2 Porcentaje de hombres mayores de 65 años enfermos:
_____

3 Las mujeres enferman más. Causas: _____

4 ¿Dónde hay más enfermos crónicos? (Pon en orden):
   pueblos muy pequeños
   ciudades medianas
   ciudades grandes

5 ¿Qué enfermedades son más comunes entre los hombres?

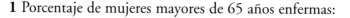

Las mujeres enferman más que los hombres

■ Aunque ser viejo no es sinónimo de estar enfermo, calculan que el 60 por ciento de las mujeres y el 50 por ciento de los hombres mayores de 65 años sufre algún tipo de problema de salud manifiesto y, por lo tanto, precisará cuidados sanitarios.

La profesora Ana Collado, de la Escuela Universitaria de Estudios Empresariales, presentó en estas jornadas un estudio en el que se reflejan las circunstancias que coinciden con mayor frecuencia con el hecho de estar enfermo. Además de la edad, el estudio revela que las mujeres tienen más enfermedad que los hombres, en parte porque viven más años, pero también por otras circunstancias, como son la falta de recursos económicos, una menor satisfacción laboral y especialmente la soledad. Estar solo es una de las circunstancias que más

influyen a la hora de sentirse bien o enfermo, y las mujeres ancianas, con mucha frecuencia, están solas al quedarse viudas y no haber cultivado amistades fuera de casa, por ejemplo.

También aumenta la proporción de personas con algún mal crónico en los pueblos de menos de 2.000 habitantes. Son los que cuentan con la máxima cota. Las ciudades que tienen entre 50.000 y 500.000 habitantes consiguen la cifra más baja. Las grandes urbes suelen tener muchas personas enfermas crónicas, pero no tanto como los municipios pequeños.

Las mujeres son las que más problemas de salud de todo tipo acumulan, excepto en los males que afectan estrictamente a la vista, al habla y a la capacidad de andar que, en cambio, son mayoritarios entre los hombres.

B ¿Qué te ha pasado?

ACTIVIDAD 11

Yolanda va al médico por primera vez.
Escucha y rellena la ficha.

Nombre_____

Apellidos _____

Enfermedades infantiles_____

Otras enfermedades importantes_____

Vacunas_____

Enfermedades de los padres_____

Operaciones _____

Hábitos _____

¡Atención!

¿Has tenido...? = *Have you had...?*
¿Te han operado? = *Have you had an operation?*
(literally: Have they operated on you?)

ACTIVIDAD 12

Pretérito perfecto

Verbos regulares

estar – estado		**tener** – tenido		**sufrir** – sufrido	
He		He		He	
Has		Has		Has	
Ha	estado	Ha	tenido	Ha	sufrido
Hemos		Hemos		Hemos	
Habéis		Habéis		Habéis	
Han		Han		Han	

Ejemplo:
A: ¿Qué te ha pasado?
B: He estado enfermo. He tenido la gripe.

ACTIVIDAD 13

¿Qué enfermedades has tenido en tu vida?
Estudia el vocabulario en la página 208.

Trabaja con un(a) compañero/a.

A: Cuenta tus enfermedades.
B: Haz una lista.

Cambia.

C ¿Dónde has estado?

Pedro y Carmen son dos amigos de Madrid. Se encuentran en la calle después de mucho tiempo.
Lee su conversación. Pon el diálogo en orden.

¡Atención!

¿Qué has hecho? = *What have you done?*
(hacer es irregular)

He ido a México

¿Qué has hecho?

He salido de vacaciones

¿Qué te ha pasado?

He estado enfermo

¿Dónde has ido?

¿Qué has hecho?

He tenido muchos problemas

He perdido mi trabajo.

Escucha y comprueba el orden.

Pregunta a tu compañero/a qué ha hecho y dónde ha estado este año/este mes/ esta semana/hoy.

Una encuesta del grupo.
¿Cuáles son las actividades más populares en el grupo?

Lee el artículo y contesta las preguntas.

ACTIVIDAD 17

Montserrat Miralles Llatser:
UN PREMIO LLENO DE CAMBIOS

Montserrat es una joven ama de casa. Tiene 23 años, está casada y todavía no tiene hijos. Su marido trabaja como ebanista en una fábrica de muebles. Viven en Vinaroz (Castellón) y para ella ha significado mucho ser la ganadora del "sueldo" para toda la vida. La suerte llamó a su puerta el pasado año.

Montserrat hace un alto para conversar un poco con nosotros.

Montserrat, ¿en qué sentido cambiaron las cosas para ti con este premio de NESCAFÉ?

He encontrado trabajo, me he comprado una casa, ya tengo el pisito que quería y he hecho muchas amistades. Me he vuelto un poco más abierta, hablo más con la gente ahora.

Eso nos parece fenomenal y, además, obtuviste un trabajo en el lugar en que habías comprado NESCAFÉ ¿No es así?

Sí, sí. En la comida que tuvimos estaba también la jefa de personal y hablando le parecí simpática, le caí bien y me ofreció trabajo.

O sea, que obtuviste al mismo tiempo el premio y el trabajo.

En cierto sentido, puede decirse que NESCAFÉ ha cambiado tu vida.

Sí, bastante.

Ahora, cuando estoy en el supermercado trabajando con los cafés, al llegar a NESCAFÉ, siento como un cosquilleo recordando todo lo que pasó.

En las siguientes páginas...
¡LO ULTIMO DE NESCAFÉ!

Nestlé cuida sus cafés

¿Cómo ha cambiado la vida de Montserrat Miralles Llatser?
* su trabajo
* su casa
* la gente

¿Qué más información hay de Montserrat?

D He perdido la maleta

Descripciones: ¿Cómo es?

¡Acuérdate de los colores!

ACTIVIDAD 18

Material	**Forma**	**Tamaño**	**Diseño**
de plástico	redondo/a	grande	estampado/a
de madera	cuadrado/a	pequeño/a	liso/a
de oro	rectangular	mediano/a	de rayas
de plata	alargado/a		de listas
de metal			
(metálico/a)			
de seda			
de lana			
de tela			
de piel			

ACTIVIDAD 19

En la oficina de objetos perdidos

Escucha las descripciones de objetos perdidos.

Rellena el formulario.

	1	2	3
Objeto			
Color			
Material			
¿Dónde lo perdió?			
¿Encontrado?			

Estudiante A: Elige un objeto de los tres similares.
Describe el objeto a Estudiante B.

Estudiante B ¿Cuál es el objeto?

ACTIVIDAD 20

Continúa con los otros objetos.

ACTIVIDAD 21

Lee las descripciones en un periódico sobre los objetos perdidos.
Une los cinco dibujos con cinco de los objetos pérdidos.

PERDIDAS

PERDIDA gata atigrada con collar verde, sector calle Lorente. Se gratificará. 565435.

EL 24 de Julio. Perdido un sobre con documentos a nombre de Macario Barberán. Se gratificará su devolución. Teléfono 125641, Cadrete (Zaragoza).

PERDIDO pendiente día 13, entre calle Sanclemente, Galerías Preciados, paseo Independencia, Corte Inglés, se gratificará. Teléfono 226434.

GAFAS oscuras graduadas olvidadas en taxi o caídas en Doctor Alcay día 27, 7-8 tarde. Gratificaré. Teléfono 555794.

CAZADORA motorista (Barbour), negra, trayecto Riglos-Zaragoza. Teléfono 233851 (trabajo).

SE RUEGA a quien recogió en la glorieta de El Corte Inglés una bolsa con dos bañadores llame al teléfono 334228. Se gratificará.

OLVIDADA máquina fotográfica refugio Respumosos. Teléfono (974) 227785. Llamar de 14 a 16 horas.

DESAPARECIDO bolso por Jaime I, con gafas graduación especial, bono mes M.ª A.L. M. Se gratificará. Teléfono 378481. Llamar noche.

SE HA PERDIDO cordón de oro en la calle Duquesa Villahermosa. Teléfono 551243. Se gratificará.

Piensa en un objeto que llevas contigo. ¡Lo has perdido!
Rellena el formulario del periódico para poner un anuncio.
Incluye una descripción del objeto.
Todo el grupo pone los objetos perdidos encima de la mesa.
Cada estudiante lee uno o más anuncios e identifica el
objeto/los objetos que corresponden al anuncio.

ANUNCIOS CLASIFICADOS POR PALABRAS

Si usted quiere publicar un anuncio clasificado por
palabras en cualquiera de las secciones de este periódico,
rellene y envíe este recuadro a:

HERALDO
DE ARAGON

Apartado 175. Anuncios. Zaragoza

TEXTO DEL ANUNCIO
(escriba con mayúsculas)

_____

_____

_____

_____

E En la comisaría

Una mujer describe un robo.
Escucha la primera parte de su conversación con el policía.
Ver *Libro de Actividades*, página 57.

Contesta las preguntas.

1 ¿Qué ha perdido?
2 ¿Dónde?
3 ¿Con quién estuvo la mujer?
4 ¿Cuándo le robaron?
5 ¿Quién le robó?
6 ¿Qué más detalles hay?
7 ¿Cómo es?

24

Ahora la mujer describe lo que había dentro del bolso. Une las cosas con las personas.

25

mi/tu/su coche

mi/tu/su casa

nuestro/vuestro/su coche

nuestra/vuestra/su casa

mis/tus/sus coches

mis/tus/sus casas

nuestros/vuestros/sus coches

nuestras/vuestras/sus casas

EN CASA O EN CLASE

Lee el artículo sobre el tabaco.

TABAQUISMO

Respecto al consumo de tabaco, las actitudes de los habitantes de la CE son bastante homogéneas. Teniendo en cuenta estudios anteriores, se constata que los fumadores constituyen una minoría en descenso (36 por 100 de la población adulta) y que los países más fumadores son Dinamarca (45 por 100), Países Bajos y Grecia (43 por 100 en ambos). En España un 38 por 100 de la población es fumadora, y casi la mitad de los que lo hacen (45 por 100) desea abandonar el tabaco o reducir su consumo.

¿Qué significan estos porcentajes?
36%, 38%, 43%, 45%

¿Cómo y cuándo nos roban?

Antes de leer el artículo.
¿Te han robado en tu casa alguna vez?
¿Conoces a alguien que ha sufrido un robo en su casa?

Con un(a) compañero/a adivina…

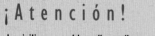

¡Atención!

domicilio = *address/home/house*

1 el mes más popular para robos en las casas.
2 los meses más tranquilos.
3 por qué no roban mucho dinero de casas y pisos en verano.
4 cuándo roban en los establecimientos públicos.
5 qué días y a qué hora roban en los domicilios.

Lee y comprueba vuestras contestaciones.

LOS DOMICILIOS SE ROBAN DE DÍA

¿Qué épocas del año, qué días y qué horas son las idóneas para efectuar un robo?

En establecimientos públicos, los fines de mes, porque es la época en que se saca dinero del banco para pagar a los empleados. Salvo que se hagan en el mismo día, no suelen robar por la misma zona en una temporada, y, por supuesto, en el mismo sitio dos veces seguidas. Las probabilidades de que le cojan aumentan considerablemente. En casas de pisos, los fines de semana, puentes y vacaciones. Durante el verano, cuando la gente se va de vacaciones, es la época más segura, pero las probabilidades de encontrar dinero son mucho menores y tienen que ir a los objetos de valor, como joyas, televisores, radios y objetos de oro y plata, lo que obliga a tener un contacto para poderlo vender.

En chalés situados en urbanizaciones donde la gente no vive en invierno, los días de entre semana permiten trabajar con mayor tranquilidad.

Vocabulario en casa

Urgencias

Zaragoza 976

Agua (averías)....................562142
Alcohólicos
Anónimos 293835
Alumbrado público 294336
Ambulancias 358500
Ambulatorio
S.Soc. .434111, 434193, 434196
Asociación Aragonesa
de Ex Alcohólicos.............236735
Asociación Pro-Vida 252020
Auxilio
en Carretera (D. Y. A.) 313300
Bomberos (urgencias) 080
Centro de Atención a las
Drogodependencias...........291727
Centro de Información
de los Derechos
de la Mujer 490000
Centro Regional
de Información
y Documentación
Juvenil de Aragón 444000
CIPAJ 213960

Clínica Montpellier 565660
Clínica Quirón..................376700
Clínica San Juan
de Dios........................ 271660
Colegio de Abogados 396016
Comisaría de Policía 091
Comisión Ciudadana
Anti-Sida de Aragón 438135
Cruz Roja 222222
Distribuidora
de Gas 426544
Eléctricas Reunidas 565625
Faro 390969
Guardia Civil 218269
Guardia Civil
de Tráfico 217138
Hospital Clínico 357650
Hospital de Enfermedades
del Tórax 512533
Hospital
Miguel Servet 355700
Hospital Militar................ 564142
Hospital Provincial 440022

Juzgado de Instrucción
número 5 398711
Oficina de Información
al Consumidor..................396150
Oficina de Información,
Sugerencias y Reclamaciones
de la DGA 228899
Policía Municipal 092
Protección Civil 006
Radio-Taxi 373737
Registro Civil 390899
Rehabilitación
de Toxicómanos 513218
Servicio de Información
del M. E. C. 566161
Servicio de Orientación
Familiar 390969
Taxis 424242
Teléfono
de la Esperanza 232828
Telegramas 222000
Telerruta ....(91) 5352222
Télex............................226952

Gramática

PRETÉRITO PERFECTO

	-ar	-er	-ir
He Has Ha Hemos Habéis Han	estado	tenido	sufrido

¿Qué has **hecho?** (hacer)

DOLER

Me/te/le nos/os/les } duele la garganta

Tengo dolor de garganta

Me/te/le nos/os/les } duelen los ojos

Tengo dolor de ojos

PASAR
¿Qué te/le pasa?
No sé qué me pasa.

REFLEXIVOS

encontrarse: Me encuentro mal
               Te encuentras mal
               Se encuentra mal

SUGERENCIAS
¿Por qué no vas al médico?
Tienes que ir al médico.
Debes ir al médico.
Hay que ir al médico.

POSESIVOS

mi/tu/su/nuestro/vuestro/su   coche
mis/tus/sus/nuestros/vuestros/sus   coches
mi/tu/su/nuestra/vuestra/su   casa
mis/tus/sus/nuestras/vuestras/sus   casas

Vocabulario para la próxima lección

La televisión

el programa	*programme*
Informativos/Telediario/Noticias	*all used to describe news programmes*
una serie	*a series*
un episodio ⎫	
un capítulo ⎭	*an episode*
un concurso	*a quiz*
el tiempo	*the weather forecast*
un programa infantil	*children's programme*
los deportes/el programa deportivo	*sports programme*
un programa musical	*musical programme*
una telenovela	*soap opera*
un documental	*documentary*

Vocabulario

La salud	*Health*	**Adjetivos**	*Adjectives*
doler	*to hurt*	alérgico/a	*allergic*
(Me encuentro mal)	*I feel ill*	embarazada	*pregnant*
escocer	*to sting, to burn*	fuerte	*strong, heavy (cold)*
operar	*to operate*	malo	*bad, ill*
recetar	*to prescribe*	tranquilo	*quiet, peaceful*
sufrir	*to suffer*		
		Nombres	*Nouns*
		alergia	*allergy*
		aspirina	*aspirin*

boca	mouth	**Descripciones**	*Descriptions*
brazo	arm	cuadrado/a	*square*
cabeza	head	estampado/a	*printed (dress material)*
catarro	catarrh, a cold	liso/a	*plain (material)*
consejo	advice	metálico/a	*metallic*
cuello	neck	rectangular	*rectangular*
cuerpo	body	redondo/a	*round*
dentista (m/f)	dentist		
diagnóstico	diagnosis	**Nombres**	*Nouns*
diarrea	diarrhoea	gafas	*glasses*
dolor (m)	pain	gafas de sol	*sunglasses*
enfermedad (f)	illness	lana	*wool*
escozor (m)	stinging, smarting pain	listas	*stripes*
		madera	*wood*
espalda	back (of person)	metal (m)	*metal*
estómago	stomach	oro	*gold*
fiebre (f)	fever, temperature	plástico	*plastic*
garganta	throat	plata	*silver*
gripe (f)	bad cold, flu	rayas	*stripes*
hombro	shoulder	robo	*robbery, burglary*
indigestión (f)	indigestion	seda	*silk*
insolación (f)	sunburn, sunstroke	tela	*fabric, mater*
intoxicación (f)	(food) poisoning		
inyección (f)	injection	**Verbos**	*Verbs*
jarabe (m)	syrup (medicinal)	deber	*to owe*
mano (f)	hand	(Debes ir)	*(You ought to go)*
mareo	faintness, fainting	perder	*to lose*
medicamento	medicine	perdido	*lost*
muela	tooth (molar)	robar	*to steal, to rob*
nariz (f)	nose		
oído	ear	**Expresiones útiles**	*Useful expressions*
ojos	eyes	De acuerdo	*OK, agreed*
operación (f)	operation	en seguida	*soon, immediately*
pastillas	tablets	inmediatamente	*immediately*
pecho	chest	pronto	*soon*
pie (m)	foot	ahora mismo	*right now, immediately*
pierna	leg	Me duele mucho	*It hurts a lot*
pomada	ointment	Me encuentro mal	*I feel ill*
receta	prescription, recipe	Me han robado	*I've been robbed*
rodilla	knee		
síntomas (m)	symptoms		
supositorio	suppository		
tobillo	ankle		
vida	life		
virus (m)	virus		

14

Repaso

A Tiempo libre

ACTIVIDAD 1

Estudia las imágenes de las actividades de tiempo libre.

Tres personas (número 1, 2, y 3) hablan de su tiempo libre.
¿Qué actividades les gustan?
¿Qué actividades no les gustan?

Escucha e indica en las imágenes.

Ejemplo: **1** ✓ Le gusta a la Persona 1
2 ✗ No le gusta a la Persona 2
etc.

ACTIVIDAD 2

Las tres personas eligen adjetivos de esta lista para describir las actividades.

a aburrido/a	**g** interesante
b agradable	**h** peligroso/a
c cruel	**i** relajante
d divertido/a	**j** sano/a
e emocionante	**k** violento/a
f intelectual	

Indica qué adjetivos eligen para describir cada actividad.

ACTIVIDAD 3

Ahora, elige tú.
Pon las actividades en orden de preferencia.

Te gusta (✓)	No te gusta (✗)
1	1
2	2
3	3
4	4

Utiliza los adjetivos de la lista de Actividad 2 para describir las actividades, o usa otros adjetivos.

Menciona tres o cuatro palabras relacionadas con las actividades.

Ejemplo: cine   película
                    sesión
                    entrada
                    cartelera

Compara con tus compañeros/as. ¿Son las mismas?

ACTIVIDAD 4

Estudiante A: esta página
Estudiante B   página 235

1 Estudiante A: invita a Estudiante B.
Invítale al cine

o   a cenar en un restaurante
o   a la fiesta de un amigo
o   a las tres cosas.

Estudiante B prefiere estar en casa.
¿Puedes persuadirle?

2 Estudiante B te invita a salir.
Prefieres estar en casa. ¿Por qué?
Quieres saber más detalles.
¿Puede persuadirte Estudiante B?

ACTIVIDAD 5

¿Qué tiempo hace?

Escribe una frase para cada imagen.
Ejemplo: Está lloviendo.

Comprueba las frases con un(a) compañero/a.
Termina la frase (dices lo que vas a hacer).
Ejemplo: Está lloviendo. Voy a ver la televisión en casa etc.

Cambia y comprueba.

A C T I V I D A D 6

Lee la programación de televisión.
Completa la información.

tve1 LA PRIMERA

MAÑANA
TARDE

15.00

15.00 Telediario 1. Con María Oña y Rosana Romero. (29789)
15.55 El tiempo. (7772673)
16.00 Ciclismo. Vuelta a España. En directo, final de la tercera etapa, entre las localidades de Montoro y Valdepeñas. (6458789)
17.15 María Emilia. Telenovela. (7249906)
18.50 El precio justo. Con Carlos Lozano. (4409302)
20.00 Gente. Con Yolanda Vázquez y Sonia Ferrer. Programa de crónica social. (2480)

NOCHE

21.00

21.00 Telediario 2. Con Amaya Pérez de Mendiola y Javier Alba. (37374)
21.50 El tiempo. (78779393)

21.55 h. Concurso

Grand Prix. Hoy, Paco Morales apadrina a los representantes de Moraleja, Cáceres y María Reyes a los de San Esteban de Gormaz, Soria. (78093925)

2 LA 2

MAÑANA
TARDE

16.00 Grandes documentales. *Comunicación animal. Mundos aparte: Pequeñas historias de amor.* (16770)
17.30 National Geographic. *La estación de los salmonetes.* (2022)
18.00 Hyakutake: *La familia crece. Harry y los Henderson.* (89886)
19.00 Tierra II. *Todo sobre Eva.* (1138)
20.00 Informativo territorial. (225)
20.30 Bullpen. Los Pioneers, un equipo de béisbol, estrena nueva dueña. (596)

NOCHE

21.00 Quatro. (577)
21.30 Ciclismo. Vuelta a España. Resumen de la etapa. (848)
22.00 La 2. Noticias. (57683)
22.25 El tiempo. (70629393)

22.30 h. ¡Qué grande es el cine!

La loba. Una familia consigue hacer realidad un sueño: montar una fábrica de hilaturas en su plantación de algodón. (Ver páginas 18-21). (70625577)

ANTENA 3

MAÑANA
TARDE

15.00 Noticias 1. Con Susanna Griso. Incluye las noticias del deporte. (78003)
15.55 El tiempo. (7434461)
16.00 Sabor a verano. Con Inés Ballester y Antolín Romero. (13568616)
19.30 Pasa palabra. Con Silvia Jato. Concurso cultural. (5577)
20.30 Ahora. Con Cristina Saavedra. Magacín dedicado a temas de actualidad. (802)

¿Qué temas se tratan? **tv inteligente**.com

NOCHE

21.00 Noticias 2. (63799)
21.55 Sorteo del cupón de la ONCE. Con Goyo González. (9692461)

22.00 h. Gran cine

Armas de mujer. Una ambiciosa secretaria, que trabaja en una empresa de inversiones, se hace pasar por ejecutiva. (Ver páginas 18-21). (92567)

Tipo de programa	Título del programa	Canal	Hora
Noticias	Telediario 2	La primera	21:00
Noticias	Noticias 1	?	?
Deportes	?	La primera	?
?	?	La 2	17:30
Magacín	?	Antena 3	?
Película	?	?	22:00
?	La Loba	?	?
Concurso	?	?	21:55
?	María Emilia	?	?

Preguntas:
1 ¿Quién presenta las noticias de las nueve?
2 ¿Quién trabaja en una empresa?
3 ¿Quiénes van a Valdepeñas?
4 ¿Cómo se llama el concurso de Antena 3?
5 Si quieres información general de los deportes, ¿qué programa ves?

B De fiesta

¿Qué actividades menciona el artículo?

España en fiestas

TODOS los días del año, en algún rincón de España, se celebra una fiesta o un festejo. No es raro que, en el mismo día, coincidan dos o más festividades en lugares distintos. De esa forma, España tiene, cuando menos, 400 o 500 fiestas variopintas y diversas, a lo largo del año, en todo su suelo. Entre las fiestas religiosas, las procesiones y las romerías son las más numerosas. Entre las laicas, en primerísimo lugar, los toros, vaquillas y encierros, seguidas de competiciones deportivas, músicas y charangas, fuegos artificiales... Pero, además de esas fiestas tan comunes en muchos países europeos, España puede presumir de un amplio catálogo festivo absolutamente particular. Piensen en grandes ciudades, con «fenómenos» como las fallas de Valencia o los sanfermines de Pamplona. Piensen también en lugares pequeños, el Rocío de Almonte o la Patum de Berga. España entera es una fiesta...

Esta persona describe las fiestas anuales en España. Une las fiestas en la lista con la fecha correcta.

Los carnavales	6 enero
El día de la Ascensión	febrero
Las fallas de Valencia	19 marzo
La Feria de Abril	abril
La Constitución	24 junio
El Pilar	7 julio
Los Reyes Magos	25 julio
San Juan	15 agosto
San Fermín	12 octubre
Santiago	6 diciembre

Estudia la lista de pueblos en fiestas.

Ainzón (a 68 kilómetros de Zaragoza). –Diana, misa, vaquillas, cine, encierro, bailes y toro de fuego.

Alfamén (a 47 kilómetros de Zaragoza). –Diana, encierro, maratón local, café-teatro, vaquillas, fútbol-vaca y baile.

Asín (a 100 kilómetros de Zaragoza). –Juegos infantiles, concursos de guiñote, fútbol, baile y fuegos artificiales.

Biescas (a 75 kilómetros de Huesca). –Concurso de natación, carrera ciclista, festival de jota por el grupo Santiago de Sabiñánigo, sesiones de baile tarde y noche y toro de fuego.

Candasnos (a 110 kilómetros de Huesca). –Tiro al plato, misa, cucañas infantiles, fútbol, pasacalles con charanga y cabezudos, cine y baile.

Caspe (a 101 kilómetros de Zaragoza). –Carreras ciclistas, gimkana, exhibición canina, vaquillas, baile-verbena, traca luminosa, toros de fuego y baile fin de fiestas en el pabellón.

Cimballa (a 132 kilómetros de Zaragoza). –Diana, tenis, futbito, baile, entrega de premios a los vencedores en los distintos concursos y competiciones, verbena, toro de fuego y fin de fiestas.

Mainar (a 75 kilómetros de Zaragoza). –Ronda aragonesa, misa, concurso para amas de casa, final del concurso de guiñote, final del campeonato de futbolín, gimkana infantil, salida de cabezudos, baile tarde y noche, fuegos artificiales, concurso de disfraces, traca final de fiestas y entierro de la sardina.

Pueblos en fiestas

Elige una y escribe una carta a tu amigo/a explicando lo que vas a hacer hoy en las fiestas.

Tu compañero/a tiene que adivinar en qué pueblo estás.

Cambia.

Ahora haz lo mismo con otro pueblo y escribe lo que hiciste ayer.

C De vacaciones

¿Qué tipo de viaje te gusta?
¿Cuáles son tus países favoritos?
Busca tu signo y compara.

VIAJES

ARIES busca la aventura: safaris en Kenia, visitas a Japón, Siria o Florencia o viajes a islas exóticas en los Mares del Sur.
TAURO disfruta con la tranquilidad que da la naturaleza y el arte. Sus países son Irlanda y Polonia. GEMINIS pulula entre las capitales con mayor actividad: Londres, Nueva York. CANCER busca el mar. Le va Escocia y Venecia. Le encanta navegar y entre sus deportes preferidos está, sin duda, la vela. A LEO lo que le gusta es huir de las multitudes. Elige el lujo. El yate o la avioneta particular si su bolsillo se lo permite o jornadas apacibles en el campo en contacto directo con la naturaleza. VIRGO piensa que viajar en vacaciones es una pérdida de tiempo. Suiza, Jerusalén y Lyon son sus países. LIBRA vence su pereza para acudir a los festivales de Cannes y Salzburgo. ESCORPIO aprovechará su estancia en lugares como Marruecos o Noruega para encontrar la pasión. SAGITARIO siente predilección por la aventura, lo suyo sería dar la vuelta al mundo. Se conforma con Arabia o Toledo. CAPRICORNIO huye de la frivolidad. Sus viajes a Oxford o Bruselas siempre le aportan algún provecho. ACUARIO huye de la rutina. Le encantaría ir a la luna. PISCIS sueña con Alejandria y con el Sahara.

¿Sí o No?
1 A LEO le gusta estar con mucha gente.
2 ACUARIO quiere viajar a otro planeta.
3 CANCER quiere estar cerca del agua.
4 A VIRGO le gusta viajar.
5 TAURO quiere vacaciones con un poco de silencio.
6 Inventa más frases y pregunta a tus compañeros/as.

**La introducción de un programa de televisión.
¿De qué se trata?**

1 ¿Cuántos programas harán?
2 ¿Cuántos jóvenes participarán en la aventura?
3 ¿Qué aventuras tendrán?
4 ¿A dónde irán?
5 ¿Cómo se seleccionarán?
6 ¿Quién tuvo la idea del programa?
7 ¿Cómo se llama la presentadora?

A través de las veinte ediciones del programa-concurso "Aventura 92", que se emite de lunes a viernes, a las 10.30 de la mañana, por TVE-1, se seleccionará a los doscientos jóvenes españoles que tendrán la oportunidad de recrear el tercer viaje de Cristóbal Colón, en el que descubrió el río Oréneo. Miguel de la Quadra Salcedo —impulsor de la idea y director de este proyecto, que forma parte del programa oficial del V Centenario— e Inka Martí presentan este espacio, bajo las órdenes de José Antonio Plaza.

Entre los participantes se seleccionará a los doscientos jóvenes españoles que recrearán el tercer viaje de Cristóbal Colón. José Antonio Plaza es el director de este programa.

De lunes a viernes
AVENTURA 92
EN BUSCA DEL RIO ORINOCO

Hace veinte años – cuenta Miguel de la Quadra Salcedo – descubrí en Creta una placa que recordaba el crucero por el Mediterráneo que llevaron a cabo, en 1932, la Facultad de Filosofía y Letras y la Escuela de Arquitectura de Madrid. Aquello me impactó y se me ocurrió que sería importante poder marcar a toda una generación con una impronta cultural hacia América".

Este año el barco seguirá la ruta de un viaje de Colón.
La última vez siguió otro viaje de Colón.
¿Cuáles son las diferencias entre los dos viajes?
Escucha las dos descripciones y rellena la ficha en la página 217.

	Pasado	**Futuro**
El año		Este año
El viaje de Colón		
El nombre del barco		Guanahani
El número de jóvenes		
Sus edades		
Número de nacionalidades		
Lugares visitados		
Actividades		
Puerto de vuelta		
Duración		

A C T I V I D A D
13

Lee el anuncio para La República Dominicana.

República Dominicana.
9 días desde 124.500 pts.*

El primer español que visitó la actual República Dominicana, quedó prendado de sus playas doradas y sus verdes palmeras, de su clima tropical y de la hospitalidad de su gente.

Hoy, este hermoso país tiene aún más atractivos.

Porque ahora, además de admirar el paisaje, nadar y tumbarse al sol, puede practicar submarinismo, pasear por callejuelas coloniales, bailar en sus discotecas, jugar al golf o al tenis...

Y todo esto al alcance de sus pesetas.

Ahora el corazón del Caribe está muy cerca con Iberia. En un confortable viaje, rodeado de atenciones.

Infórmese en su Agencia de Viajes o en Iberia, Líneas Aéreas de España.

SECRETARIA DE ESTADO DE TURISMO
La República Dominicana

IBERIA
LINEAS AEREAS DE ESPAÑA

Para mayor información envíe este cupón al Apartado 2242 - Madrid.

Nombre
Dirección   Teléf.
Población   C.P.

* Incluye avión, alojamiento. desayuno en el hotel y traslados aeropuerto-hotel-aeropuerto.

1 ¿Por qué volvió Colón, según el anuncio?
2 ¿Qué ofrece el país para el turista?
3 ¿En qué zona está?
4 ¿Qué incluye el precio?

El año pasado un grupo de doce jóvenes españoles decidieron viajar a Sudamérica. ¿Qué aventuras tuvieron?

EXPEDICIÓN A SUDAMÉRICA

El año pasado un grupo de doce jóvenes españoles decidieron viajar a Sudamérica. Salieron de España el doce de abril. Al mes y medio de llegar, se quedaron sin dinero y empezaron a vender sus cosas y a hacer todo tipo de trabajos. Tuvieron un accidente y en el grupo hubo problemas de convivencia, de manera que tres de ellos volvieron antes del tiempo previsto.

En todas partes los recibieron maravillosamente y les dieron trabajo, les facilitaron alojamiento y los ayudaron económicamente.

Así, en Perú hicieron anuncios de televisión para una marca de cerveza, vestidos con el traje típico andaluz, y en Argentina y Bolivia batieron dos records del mundo. En Bolivia corrieron y ganaron el motocross más alto del mundo, y en Argentina escalaron en invierno una montaña en la cordillera San Martín por primera vez en esta época del año.

Bajaron el Amazonas en un barco que construyeron ellos mismos en Perú y tuvieron innumerables aventuras más.

Hicieron muchos y buenos amigos, tantos que seis del grupo decidieron quedarse a vivir en Sudamérica y uno de ellos se casó allí.

Los que volvieron no trajeron nada, sólo una mochila y muchísimas películas y fotografías, pero todos estuvieron de acuerdo en que el viaje, aunque difícil, había sido una experiencia inolvidable.

1 Su dinero no duró mucho. ¿Cuánto tiempo? ¿Qué hicieron para ganar dinero?
2 Estuvieron en la televisión. ¿Por qué?
3 Batieron dos records mundiales. ¿Cuáles?
4 Viajaron en barco por el Amazonas. ¿Quién lo construyó? ¿Dónde?
5 Algunos se quedaron en América. ¿Cuántos?
6 Algunos se casaron en América. ¿Cuántos?
7 Algunos volvieron a España. ¿Cuántos? ¿Qué trajeron?
8 Escribe todos los verbos en el infinitivo. Algunos son nuevos. ¿Qué significan?

ACTIVIDAD 15

Lee los anuncios de gente buscando compañeros/as de vacaciones.

Necesitas unas vacaciones pero no tienes a nadie para acompañarte. Escribe un anuncio similar.

▶ **compañera de viaje** para Semana Santa. María. 976 21 60 12.

▶ **gente** interesada en hacer excursiones y travesías por montaña en bicicleta. José Antonio. 976 55 23 92.

▶ **persona** de 19 a 23 años que quiera visitar Inglaterra este verano, durante un mes y gastando unas 1200 Euros en total. Viajaremos juntas. Ana Mar. 976 38 96 94 (comida).

¿Qué te gusta hacer?
¿Dónde quieres ir?
¿Para cuánto tiempo?
¿Cómo quieres viajar?
¿Qué edad prefieres?
¿Cuánto dinero quieres gastar?

ACTIVIDAD 16

En grupos de tres o cuatro: busca a un(a) compañero/a con quien ir de vacaciones. Usa las preguntas de Actividad 15. El grupo decide las vacaciones más interesantes.

D Problemas y Consejos

ACTIVIDAD 17

Antes de salir de vacaciones.
Escribe una lista de consejos para tu casa antes de salir de vacaciones.
Empieza: Hay que …
　　　　　 No hay que …
　　　　　 Si … hay que …

Comprueba con un(a) compañero/a.
Comprueba con esta lista.

- Hay que cerrar bien las entradas a su vivienda. Si es posible debe instalar una buena puerta de seguridad.
- No hay que dejar señales de que la casa está desocupada. Si un vecino puede recoger su correspondencia, mejor.
- No hay que dejar las llaves en escondites improvisados. Si quiere dejar un juego de reserva hay que dejarlo con alguien de su confianza.
- No hay que dejar joyas ni dinero en casa. Cualquier entidad de ahorro puede ocuparse de su custodia.
- No hay que comentar su ausencia ni dejar notas indicando cuándo piensa regresar.
- Hay que tener un inventario de sus objetos de valor, anotando números de fabricación, características o tomando fotografías.

¡Atención!

una finca ⎱
una vivienda ⎰ = *two words to describe a home*

la mirilla = *spy-hole in the front door*
cadena de seguridad = *security chain*

Si usted no sale de vacaciones, hay que recordar que la mayor seguridad es, sobre todo, la solidaridad.

- No hay que abrir la puerta de la finca a desconocidos.
- Hay que utilizar la mirilla y la cadena de seguridad.
- Hay que llamar al 091 en caso de oír ruidos u observar cosas extrañas.

Une los dibujos con el texto anterior.

E Juegos y actividades

ACTIVIDAD
18

Sopa de letras
Busca seis medios de transporte.

T	T	Q	X	M	D	Y	Q	T	V	X
R	A	R	E	G	E	H	P	U	X	S
S	U	O	V	J	Y	I	O	W	S	A
G	T	P	W	A	I	J	P	K	R	R
F	O	B	O	V	H	Z	I	L	B	I
E	B	I	C	I	C	L	E	T	A	J
X	U	A	M	O	T	O	R	A	R	D
J	S	Z	C	N	G	E	N	B	C	E
H	H	Y	F	E	N	M	D	C	O	F
E	N	M	I	J	Z	Y	W	U	V	P

¡Elige bien!

¿Qué hay en el folleto?
¿Cuál es la realidad?
Busca diez diferencias entre los dos dibujos.

Ejemplo: En el folleto hay mucho sol.
            En la realidad llueve mucho.

ser/estar

Las vacaciones de los señores Nogueras.
En esta descripción de vacaciones faltan todos los verbos **ser**
y **estar**.

1 Busca el sitio de los verbos en el texto.
2 Escribe la forma correcta del verbo adecuado.
3 Comprueba con un(a) compañero/a.

Los señores Nogueras siempre van a la playa en agosto. Sus
vacaciones cortas pero muy agradables. Pasan quince días en
un camping, al lado del mar Mediterráneo, cerca de
Torredembarra. El camping muy grande y muy limpio.
Siempre lleno de gente en verano. Los señores Nogueras no
tienen una tienda, tienen un bungalow que pequeño pero
muy bonito. Ellos contentos porque tienen todo lo necesario.
Los servicios del camping muy bien y la playa preciosa.
Tienen muchos amigos y organizan fiestas y competiciones
deportivas con ellos.

gustar

Ejemplo:

1 Juan quiere ir al fútbol porque _____
Juan quiere ir al fútbol porque le gusta el fútbol.

Continúa.

2 Nosotros queremos comprar discos porque _____
3 Los señores Nogueras van a la costa porque _____
4 Cada sábado voy a una discoteca porque _____
5 Tenemos dos gatos y tres perros en casa porque _____
6 Tengo miedo de visitar a mi amigo porque tiene un perro y _____.
7 No voy a América porque hay que ir en avión y _____
8 No quiero ir al cine contigo porque _____.

Vocabulario

Verbos	***Verbs***		
aburrirse (me aburro)	*to get bored (I'm getting bored)*	batir	*to beat, to break (a record)*
adelgazar	*to slim*	buscar	*to look for, to meet (a person)*

casarse	to get married	cabezudo	bighead, carnival figure with a big head
construir	to build, to construct		
decidir	to decide		
dejar	to leave (something)	carroza	carnival float
divertirse	to have fun	charanga	street brass band (music)
(Me divierto)	(I'm having fun)		
durar	to last	encierro	custom of running small bulls in a makeshift bullring
entrar	to go in, to enter		
estar de acuerdo	to agree		
ganar	to earn (money), to win	fuegos artificiales	fireworks
olvidar	to forget	gigante	giant
persuadir	to persuade	vaquillas	small bulls, calves
quedarse	to stay, to remain	alojamiento	lodgings, accommodation
recoger	to collect, to clear things away	concurso	quiz, competition
		correspondencia	correspondence
seleccionar	to select	desconocido	unknown person, stranger
traer	to bring		
vestirse	to get dressed	detalle (f)	detail
		entrada	entrance (to a house)

Adjetivos / *Adjectives*

aburrido	bored, boring	fabricación (f)	manufacture
(Estoy aburrido)	(I am bored)	folleto	brochure
(Es aburrido)	(It's boring)	grupo	group
agradable	pleasant	joyas	jewels
cruel	cruel	llave (f)	key
divertido	enjoyable, fun	puerta	door
emocionante	exciting	quince días	a fortnight
intelectual	intellectual	señal (f)	sign, clue
interesante	interesting	serie (f)	series
peligroso	dangerous	suelo	floor
relajante	relaxing	sugerencia	suggestion
sano	healthy	tienda (de camping)	tent
violento	violent	traje (m)	suit
		ventana	window

Nombres / *Nouns*

ajedrez (m)	chess	vivienda	house, home
natación (f)	swimming	aunque	although
paracaidismo	parachuting	(una persona) de confianza	(a) trustworthy (person)
pesca	fishing		
		entre	between, amongst

Las fiestas / *Fiestas*

		inolvidable	unforgettable
becerrada	(see 'encierro')	juntos	together
		la última vez	the last time

Estudiante B

Lección 2

Estudiante B: Escribe una lista corta de cosas que quieres pedir en un bar. Pregunta a Estudiante A si las tiene.

¿Hay patatas? etc.
Ahora pide algo: Quiero . . . etc.

Ahora estudia la lista de las cosas que hay en tu bar.
De la lista, decide cuatro cosas que no tienes sin decir a Estudiante A cuáles son.

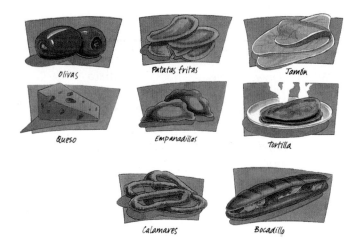

Olivas *Patatas fritas* *Jamón*

Queso *Empanadillas* *Tortilla*

Calamares *Bocadillo*

Estudiante A te pregunta qué tienes en tu bar. Contestas.
Estudiante A pide algo.

Estudiante B: Pregunta a Estudiante A de dónde es, dónde vive, en qué trabaja. Ofrécele una bebida.

Ahora Estudiante A te hace las mismas preguntas.
Tus detalles son:

Escocés/Escocesa
De Glasgow
Vives en Edimburgo
Representante de una compañía de bebidas
¿Qué quieres beber?

Lección 3

Ejemplo: **Belchite**/Zaragoza

A: ¿Dónde está Belchite?

B: Está en el noreste de España.

A: ¿Está cerca de Zaragoza?

B: Sí.

A: ¿A cuántos kilómetros está?

B: A cuarenta y cinco kilómetros.

Contesta las preguntas de Estudiante A. Ésta es tu información:

Mendoza/oeste de Argentina	Toledo/centro de España	Riobamba/centro de Ecuador
↑ 1000 km ↓	↑ 80 km ↓	↑ 200 km ↓
Buenos Aires	Madrid	Quito

Ahora haz preguntas sobre estos lugares:

León/Ciudad de México
Terrassa/Barcelona
Arequipa/Lima

Estudiante B: Inventa cinco preguntas sobre este texto.

Antonio Banderas, el famoso actor español, es de Málaga, una ciudad grande que está en el sur de España a 600 kilómetros de la capital del país, Madrid.

Estudiante A te hace unas preguntas en español sobre este texto. Contéstalas.

Ahora haz tus preguntas sobre Mario Vargas Llosa. Estudiante A te contesta.

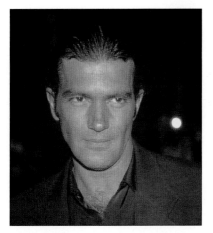

Estudia la tarjeta postal.

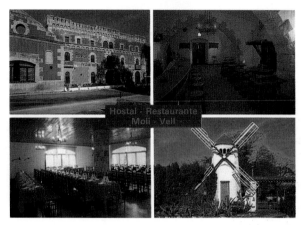

Castillo Medieval
Castell del Segle XV
Un Château du XVème Siècle
XV TH - Century. Castle
400 JAHREN SCHLOSS

Querido Luis:

Estoy en Blanes en la Costa
Brava. Es un pueblo muy
bonito que está a 43 Kms de
Gerona y a 60 de Barcelona.
Estoy en un hotel cerca de
la playa. Hay muchos
turistas y muchas discotecas.
La comida es excelente y
el vino también.

Un abrazo

Pilar

Luis Yuste

C/ Costa nº 35. 2º B

Zaragoza 50010

COSTA BRAVA
Palafolls
Hostal Molí - Vell
Carretera de Malgrat a Blanes
Tel. 762 00 21

REPRODUCCION PROHIBIDA

Dep. Leg. B - 9.724 - 1980

1 Inventa algunas preguntas sobre la tarjeta.
2 Cambia tarjetas con Estudiante A.
3 Haz tus preguntas a Estudiante A.
4 Juntos/as, comparad la diferencia entre las dos tarjetas.

Estudia el plano. Estudiante A te pregunta sobre las calles. Explica dónde están.

Estudiante B: Pregunta por la calle Calderón
la calle Milagros
la calle Asalto
la calle Alta

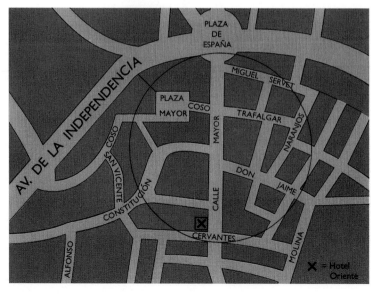

Los siguientes lugares están indicados en tu plano y en el plano de Estudiante A.

1 un banco
2 un restaurante
3 un cine
4 la Telefónica
5 la Comisaría de Policía

Pregunta a Estudiante A dónde están algunos de los lugares en su plano. Son:

6 una discoteca
7 un parque
8 un supermercado
9 una piscina

Ahora Estudiante A te pregunta dónde están algunos de los lugares en tu plano. Son:

10 la oficina de turismo
11 el hotel
12 una farmacia
13 una gasolinera

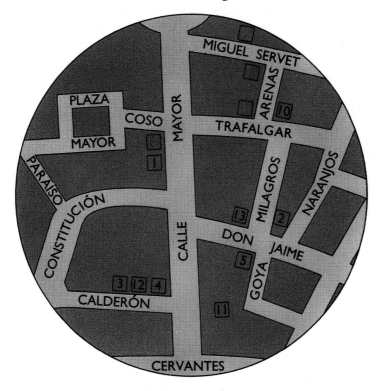

Lección 4

Estudiante B: Estudiante A quiere reservar una habitación en tu hotel.
Pregunta: la clase de habitación
          noches
          pensión
          fecha

Estudiante B: 1 Pregunta a Estudiante A sobre los servicios del hotel Ariel Park. Utiliza los símbolos de Actividad 11.

Ejemplos: ¿Es grande?
              ¿Es moderno?
              ¿Hay piscina?

2 Estudia los detalles del Hotel Torre Dorada. Estudiante A te hace preguntas sobre los servicios.

Lección 5

Estudiante B: Estudiante A dice unas horas. Escríbelas.
Comprueba con Estudiante A.

Ahora di estas horas:

1	03.30	**4**	05.15
2	16.45	**5**	18.25
3	11.00	**6**	07.30

Estudiante A las escribe. Comprueba.

Lección 6

1 Estudiante B: Tú tienes la lista de compras.

Estudiante A tiene la cuenta. Pregunta los precios.

Ejemplo: **B:** ¿Cuánto vale el pan?
          A: El pan vale cincuenta y cuatro céntimos.
          B: ¿Cuánto valen las naranjas?
          A: Valen tres euros veinticinco.

Escribe los precios en tu lista.

▶

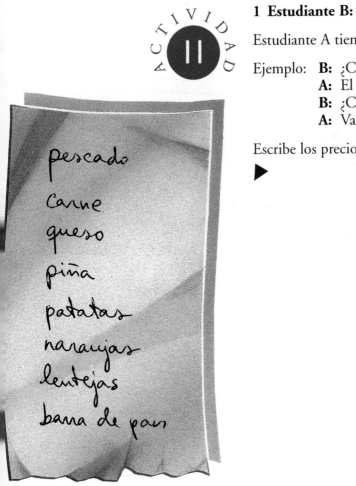

pescado
carne
queso
piña
patatas
naranjas
lentejas
barra de pan

```
m64006265  3 9720 1488 467

00006  PESCADERIA        1   16,00
00007  QUESOS            1    6,70
00008  FIAMBRES          1    5,00
00007  QUESOS            1    2,65
00005  NARANJAS 4KG.     5    5,85
00005  LIMONES 1KG.      1    1,20

       TOTAL COMPRA SUPER     37,40


64006265  9 9720 1488 467    16FEB
1 4 6 9 5 0 0 1 0 1
TOTAL COMPRA SUPER           37,40
CARGO EN CTA                 37,40

        37,40
MUCHAS GRACIAS POR SU VISITA
```

Lección 7

Estudiante B: Lee los 'Datos útiles' de Lanzarote.
Estudiante A quiere información.
Da la información

Lanzarote: sol y lava

DATOS UTILES

Hoteles
El más famoso, y el más caro, es Las Salinas Sheraton, en <u>Costa Teguise</u> (cinco estrellas, lujo: 34.950 Ptas. habitación doble. Telf.: 928 81 30 40). Pero nosotros os recomendamos otros dos más tranquilos, menos «multinacionales» y más baratos: el Hotel los Farriones, en <u>Puerto del Carmen</u>, con piscina, junto a la playa y con un precioso jardín tropical (cuatro estrellas; 20.500 ptas. habitación doble. Telf.: 928 82 51 75) y, mucho más barato, en <u>Playa Blanca</u>, el Hotel Playa Blanca (dos estrellas; 5.600 ptas.

Habitación doble. Telf.: 928 83 00 46): limpio, confortable, sin pretensiones y sobre el mar.

Restaurantes
En <u>Costa Teguise</u> (Las Cucharas), La Chimenea, ambiente romántico y buenos pescados elaborados con diferentes salsas. Los Molinos (Urbanización los Molinos), con pescados fresquísimos de la isla. En <u>Punta Mujeres</u>, muy cerca de los Jameos del Agua, el Típico Canario, sin pretensiones y con buenas materias primas: *papas arrugás*, pulpitos con mojo verde y

pescaditos fritos de la costa canaria; con terraza. Y al sur, en <u>Playa Blanca</u>, el Playa Blanca, un chiringuito sobre la playa: estupenda parrillada de pescado, gambas al ajillo o sopa canaria de verduras.

Compras
Para electrónica, tabaco y productos libres de impuestos en general, en <u>Arrecife</u> tenéis los bazares indios de Sam, en el paseo Marítimo.
En Arrecife, Artesanía Lanzarote (Alicante, 5): bordados y alfarería de la isla. Vinos rosados y buenos malvasías lanzaroteños en <u>San Bartolomé</u>: Bodegas el Grifo (carretera de Masteche) y Bodegas Mozaga, en el pueblo.

Prepara seis preguntas:

¿Cuántos/as
¿Cómo
¿Cuánto
¿Dónde
¿Cómo
¿Qué

está?
hay?
se llama?
es?
cuesta?
hay?

Pregunta a Estudiante A sobre los hoteles, los restaurantes y las compras de la Costa Blanca. Completa la información en la página 231.

	Nº	Nombre	Precio	Situación	Descripción	Especialidad
Hoteles						
Restaurantes						
Bares						
Tiendas						

Lección 9

Estudiante B: Explica tus problemas a un(a) amigo/a.
Da consejos a un(a) amigo/a.

Problemas

1 No tienes piso.
2 No te gusta tu trabajo.
3 Todos tus amigos tienen novio/novia y tú no.

Lección 10

Estudiante B: 1 Tienes un billete.

Pregunta a Estudiante A a dónde quiere ir, cuándo quiere ir y
si quiere ida y vuelta. Estudiante A necesita más información
del billete. Explica.

```
71   Nº C 498888     BILLETE + RESERVA   EL 0001      APPEO 114
                                            00000000    0010
 RENFE
  400478300073   31113
 DE              A   CLASE  FECHA  ORA SALIDA  TIPO DE TREN  COCHE  Nº PLAZA  DEPARTAMENTO  Nº TREN
 MATOCHA    SEVILLA       2  25.07 10.45 ELECTRO  8731  1025   NO        00209
            HORA DE LLEGADA      15.10         CLIMATIZ        FUMADOR
 Tarifa    005 RESERVA DE PLAZA
 Forma de pago  CHEQUETREN  88756773          000000000  EUROS *****45,00
```

2 Mira los detalles. Quieres un billete.

Estudiante A te pregunta lo que quieres. Pregunta a Estudiante A y completa los detalles.

¿Dónde?   Madrid
¿Cuándo?   14/8
¿Ida y vuelta?   Sí
Hora de salida: ____
Hora de llegada: ____
Precio: ____
Tipo de tren: ____

ACTIVIDAD 9

1 Estudiante B: Tienes todos los detalles de un billete de Zaragoza a Logroño. Estudiante A necesita la información. Te pregunta.

2 Ahora tienes que completar la información para el horario de trenes de Zaragoza a Pamplona. Necesitas el tipo de tren, la hora de salida y la hora de llegada. Pregunta a Estudiante A.

ZARAGOZA

	SALIDA	LLEGADA	
EXPRESO (1)	3'49	6'03	
EXPRESO	4'54	6'44	
INTERURBANO	7'30	9'50	
AUTOMOTOR	12'02	14'29	
INTERURBANO	12'30	15'15	
ELECTROTREN	13'07	15'07	
INTERURBANO	14'17	16'40	
ELECTROTREN	16'15	18'09	
INTERURBANO	16'20	19'33	
ELECTROTREN	17'16	19'05	
EXPRESO	21'30	23'57	
EXPRESO	00'56	3'30	

(1) Circula del 7-VII al 10-IX

RENFE

LOGROÑO

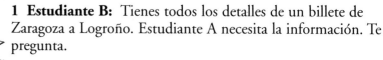

ZARAGOZA

	SALIDA	LLEGADA	
EXPRESO	3'20	5'43	
		6'27	
INTERURBANO	6'10		
INTERURBANO (1)		11'18	
	11'13	13'05	
INTERURBANO	12'35		
AUTOMOTOR	14'50	17'15	
EXPRESO	15'30	17'39	
ELECTROTREN		18'33	
INTERURBANO (2)	17'30		

(1) Cambio en Castejón solo días laborables.
(2) Cambio en Castejón.

RENFE

PAMPLONA

Estudiante B: Tienes la información de lo que ofrece la estación de esquí que se llama Formigal. Estudiante A tiene el anuncio del autocar que va a esta estación de esquí.

ACTIVIDAD 13

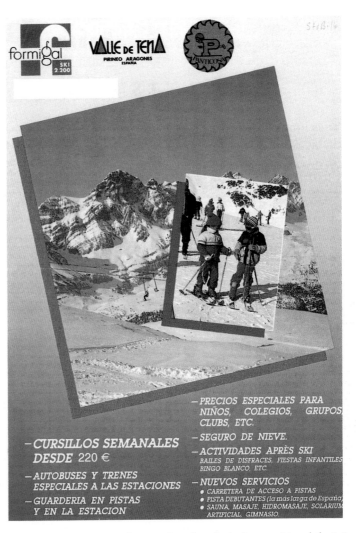

- PRECIOS ESPECIALES PARA NIÑOS, COLEGIOS, GRUPOS, CLUBS, ETC.
- SEGURO DE NIEVE.
- ACTIVIDADES APRÈS SKI
  BAILES DE DISFRACES, FIESTAS INFANTILES, BINGO BLANCO, ETC.

- CURSILLOS SEMANALES DESDE 220 €

- AUTOBUSES Y TRENES ESPECIALES A LAS ESTACIONES
- GUARDERIA EN PISTAS Y EN LA ESTACION

- NUEVOS SERVICIOS
  ● CARRETERA DE ACCESO A PISTAS
  ● PISTA DEBUTANTES (la más larga de España)
  ● SAUNA, MASAJE, HIDROMASAJE, SOLARIUM ARTIFICIAL, GIMNASIO.

1 Pregunta a Estudiante A sobre la información del viaje:
el horario
de dónde sale
el precio
lo que hay en el autocar
cómo reservar una plaza
quién lo organiza

Escribe la información.
Comprueba con Estudiante A.

2 Estudiante A te preguntará sobre Formigal.

Estudiante B (**Estudiante C:** página 236)
Problema: Organizar una reunión entre los tres.

Ejemplo

A: ¿Estarás libre el martes por la mañana?

B: Sí, estaré libre.

C: No estaré libre. Tengo clase por la mañana.

	Mañana.	Tarde.
1 S		
2 D		
3 L	10·30 clase de dibujo	6 ir al médico
4 M		7 Cine
5 Mi	Entrenamiento de Hockey	
6 J	clases toda la mañana	
7 U		7 Cine

Lección 11

Estudiante B: Tienes dos mapas del tiempo. Estudiante A te pide información del mapa A. Tú pides información a Estudiante A del mapa B.

Preguntas: ¿Qué tiempo hace en …?

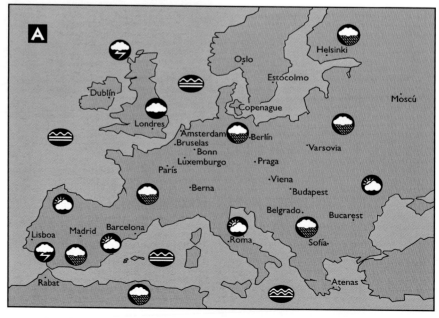

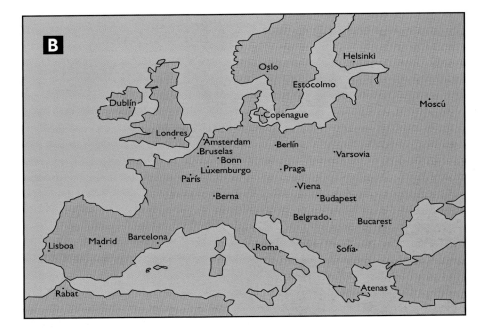

Estudiante B

1 Estudiante A te llama. Contesta.
Habla de tu salud (estás mal y cansado/a). No quieres salir.

2 Llama a Estudiante A y habla de tu casa (nueva, mucho trabajo, etc.) y de tu trabajo.

Lección 12

Respuesta: Humphrey Bogart

Lección 14

1 Estudiante B: Estudiante A te invita a salir. Prefieres estar en casa. ¿Por qué?
Quieres saber más detalles.
¿Puede persuadirte Estudiante A?

2 Invita a Estudiante A.
Invítale a una discoteca
   o a un teatro
   o a un partido de fútbol
   o a las tres cosas
Estudiante A prefiere estar en casa.
¿Puedes persuadirle?

Lección 10

Estudiante C:

	Mañana.	Tarde.
1 S		
2 D		
3 L	10 Dentista	——
4 M	Clase toda la Mañana	6 Visita al abuelo
5 Mi	——	6.30. Cine – Gloria
6 J	——	Clase hasta las 5
7 U	Visita al zoo con la clase	7 Discoteca – Gloria

Gramática

Headings for the grammar section are given in Spanish with the appropriate equivalent in English, for example:
Artículo indeterminado/indefinido
Indefinite article

This is followed by the numbers of the Lecciones *in which examples of the grammar point appear.*
A short explanation of the grammar point is then given, followed by a number of examples. Where these examples are taken from the book, relevant reference numbers of the lesson from which they are taken are given in brackets.

Nombres sustantivos *Nouns*

Género *Gender*

Nouns are either masculine or feminine.
Most nouns which end in **–o** *are masculine.*
Most nouns which end in **–a** *are feminine.*

el lib**ro**
la cas**a**

However, there are exceptions to this rule:

el dí**a**
la man**o**

There are also many other types of noun endings which follow no regular pattern:

el coch**e**
la call**e**

Some nouns can be either masculine or feminine. For masculine nouns ending in **–o,** *substitute* **-a** *to form the feminine:*

el camar**ero**
la camar**era**   (1)

If the masculine form ends with a consonant, add **–a** *to form the feminine:*

el profesor
la profesor**a**   (1)

Nouns ending in **–e** *are the same in both masculine and feminine forms:*

el estudiant**e**
la estudiant**e**   (1)

Some nouns ending in **–a** *are both masculine and feminine:*

el artist**a**   **el** guí**a**
la artist**a**   **la** guí**a**

There are also some nouns which do not conform to any of these rules:

el actor   el príncipe
la actriz   la princesa

Plural *Plural*

Plurals for nouns ending in vowels are formed by adding **–s:**

el libro   **la** casa   **el** estudiante
los libros   **las** casas   **los** estudiantes

Plurals for nouns ending in consonants are formed by adding **–es:**

el color
los color**es**

El artículo determinado/definido (Lecciones 1, 3, 5)   *The definite article*

The definite article is indicated as follows:

	Masculino	Femenino
Singular	**el** libro	**la** casa
Plural	**los** libros	**las** casas

Note: The definite article is used in the following examples where it is omitted in the English equivalent:

Los españoles comen a las dos
Spaniards eat at two
La vida es cara   *Life is expensive*

*Note: Feminine nouns with a stressed **a** as their first letter take **el** as the definite article:*

El agua está fría   *The water is cold*

Contracciones   *Contractions*

*Contractions only occur in two cases. Both involve the masculine definite article **el**:*

a)   *when preceded by the preposition **a**:*

a + **el** = **al**

Voy **al** cine
I'm going to the cinema (5)

b)   *when preceded by the preposition **de**:*

de + **el** = **del**

El propietario **del** restaurante
The owner of the restaurant

El artículo indeterminado/indefinido (Lecciones 1, 2, 6)   *The indefinite article*

The indefinite article is indicated as follows:

	Masculino	Femenino
Singular	**un** libro	**una** casa
Plural	**unos** libros	**unas** casas

*Note: The definite article is **not** used in the following cases:*

Professions: María es camarera
María is a waitress (1)

Questions and negations:
¿Tienes hermanos?
Do you have any brothers or sisters?
No, no tengo hermanos
No I don't have any brothers or sisters   (1)
¿Hay olivas?   *Are there any olives?*
No, no hay olivas
No, there aren't any olives (2)

Plurals: Quiero pasteles
I would like some cakes (6)

Conjunciones *Conjunctions*

y (copulativa)

¿**Y** usted?   *And you?*   (1)
Estoy resfriado **y** tengo fiebre
I have a cold and a fever   (8)

Note: **y** *before* **i** *becomes* **e**

Ella tiene nacionalidad española **e** inglesa
She has Spanish and English nationality

o (disyuntiva)

Ella bebe coca cola **o** tónica
She drinks coca cola or tonic (8)

Note: **o** *before* **o** *becomes* **u**

¿Quieres éste **u** otro?
Do you want this one or another one?

Adjetivos calificativos *Qualifying adjectives* (Lecciones 4, 5, 6, 11)

Concordancia *Agreement*

Adjectives agree in number and gender with the noun they are qualifying:

	Masculino
Singular	El hotel es modern**o**
Plural	Los hoteles son modern**os**
	Femenino
Singular	La habitación es modern**a**
Plural	Las habitaciones son modern**as** (4)

Note: As in the case of nouns, -o endings for masculine and -a endings for feminine. But adjectives ending in a consonant do not change their form:

un coche azul   *a blue car*   (6)
una bicicleta azul   *a blue bicycle*

Nationalities, however, retain the same rule as for nouns:

un chico inglés   *an English boy*
un chica inglesa   *an English girl*

Posición *Position*

Most adjectives occur immediately after the noun:

un chico simpático   *a nice boy*
una mujer fuerte y enérgica
a strong, energetic woman   (5)

Exceptions: Some adjectives can occur before the noun. When they do, the form changes in some as follows:

el tiempo es bueno   *the weather is good*
hace buen tiempo   *it's good weather*   (11)
el tiempo es malo   *the weather is bad*
hace mal tiempo   *it's bad weather*   (11)

Note: In these cases the feminine form does **not** *change when occuring before the noun:*

es un buen chico   *he is a good boy*
es una buena chica   *she is a good girl*

Note: A few adjectives change their meaning according to their position:

es un gran hombre   *he is a great man*
es un hombre grande   *he is a big man*

Adjetivos posesivos   *Possessive adjectives* (Lecciones 1, 9, 13)

See Lección 13 *for full details of possessive adjectives. Possessive adjectives agree in gender and number with the object 'possessed' and **not** with the 'possessor'. So:*

su coche   ***his*** *car*
   or
   her *car*

Note: For parts of the body, the possessive adjective is not normally used; the definite article is used instead:

me duele **la** cabeza   ***my*** *head hurts*   (13)
   (I have a headache)
se ha roto **la** pierna   *he has broken **his** leg*

*Note: The preposition **de** is also used to express possession:*

el pasaporte **de** mi hija
my daughter's passport   (13)

Pronombres personales   *Personal pronouns*

Sujeto   *Subject*

Yo soy mecánico
¿Tú eres española?
Él/Ella/Usted es de Madrid   (1)

Nosotros (m) somos profesores
Nosotras (f) somos camareras
¿Vosotros (m) sois estudiantes?
¿Vosotras (f) sois estudiantes?
Ellos (m) son de Colombia
Ellas (f) son de Perú
¿Ustedes son de Colombia?   (3, 8)

Subject personal pronouns are normally only used for emphasis and are omitted in normal conversation:

A: ¿Qué eres?

B: Soy mecánico.
   ¿Y qué eres tú?

A: Yo soy camarera.

*Note: The formal address in Spanish is **Usted** or **Ustedes**, often abbreviated to **Vd** or **Vds** in the*

written form. This is used in the third person form:

¿Usted es española?

*The **Usted** form is used in formal situations or when addressing someone you do not know. Most young people of similar age and status use the **tú** form from their first meeting.*

Objeto   *Object*

1   Átonos (*without accent and stress*)

Singular	**Plural**	
me	nos	} *Direct and indirect*
te	os	} *objects*

¿Qué te pasa?   *What's the matter?*   (12)
Me duele la cabeza

I have a headache (My head hurts me)   (13)
Os invitamos a nuestra boda   *We invite you to our wedding*   (9)

Singular	Plural	
lo/la	los/las	*Direct object for things and people (masculine and feminine agreement)*

A: ¿Quieres este libro?
Would you like this book?

B: Sí, lo quiero   *Yes, I'd like it*

A: ¿Tienes las entradas?
Have you got the tickets?

B: Sí, las tengo   *Yes, I have them*

A: ¿Quieres a Carmen?
Do you love Carmen?

B: Sí, la quiero mucho
Yes, I love her very much

Notes: **lo**   *neutral*

pasar**lo** bien   *to have a good time*

Singular	Plural	
le	les	*Indirect object for people third person and* usted

¿Qué le pasa?
What's the matter with him/her/you?   (13)
¿Qué les pasa?
What's the matter with them/you?

Note: **le/les** *can substitute* **lo/los** *as direct object for masculine persons:*

Vi a Juan ayer   *I saw Juan yesterday*
Le vi ayer   *I saw him yesterday*

Vi a Juan y Luis ayer   *I saw Juan and Luis yesterday*
Les vi ayer   *I saw them yesterday*

2   Tónicos (**with accent and stress**)

Pronombres personales con preposición
(*personal pronouns with preposition*)

para	**mí**
a	**ti**

de	**nosotros/as**
sin	**vosotros/as**
	ellos/ellas/ustedes

Note: con + mí/ti =   conmigo   *with me*
                          contigo   *with you*

¿Quieres ir al cine conmigo?
Would you like to go to the cinema with me?

3   Pronombres reflexivos
Reflexive pronouns

Singular	Plural
me	nos
te	os
se	se

Me llamo Rosa
I'm Rosa (I call myself Rosa)   (1)
Me levanto a las siete
I get up at seven   (5)
Me encuentro mal
I feel ill (I find myself ill)   (13)
Se lava   *He washes (himself)*
Se visten   *They dress (themselves)*

*Note: Pronouns which follow the gerund (-**ing**) form can appear in two positions:*

Me estoy bañando   }   *I am bathing*
Estoy bañándo**me**

4   *Special constructions with object pronouns*

The verbs gustar, apetecer, interesar *and others.*

Me gusta el cine
I like the cinema (The cinema pleases me)   (8)
Le interesa pintar
He's interested in painting (Painting interests him)
No me apetece   *I don't feel like it*   (9)

Note: Plural

Me gust**an** los libros   *I like books*

Pronombres indefinidos   *Indefinite pronouns*

¿**Algo** más?   *Anything else?*
Nada más   *Nothing else*
¿Quiere **alguna** cosa más?
Do you want anything else?   (6)
Nadie quiere hablar conmigo
Nobody wants to talk to me   (8)

Pronombres exclamativos   *Exclamatory pronouns*

¡Qué calor!   *What heat! (It's so hot!)*   (11)
¡Qué frío!   *What cold! (It's so cold!)*
¡Qué pena!   *What a pity!*
¡Qué suerte!   *What luck!*

Adjetivos y pronombres demostrativos
Demonstrative pronouns and adjectives (Lección 6)

	Masculino	**Femenino**
Singular	**este** jersey *this sweater*	**esta** camisa *this shirt*
Plural	**estos** zapatos *these shoes*	**estas** chaquetas *these jackets*

In addition, a neutral form is also used:

Quiero **esto**   *I want this (one)*

*Also, there are two forms for the equivalent of the English **that**, **those**:*

	Masculino	**Femenino**
Singular	{ ese { aquel	{ esa { aquella
Plural	{ esos { aquellos	{ esas { aquellas

*Neutral forms are **eso** and **aquello**.*
***Eso** etc. is used to indicate intermediate distance.*
***Aquello** etc. is used to indicate further distance.*

Quiero ese jersey
I'd like that sweater (in a shop)
Vive en aquella casa
He lives in that house (indicates greater distance)

In practice they are often interchangeable.

*Note: When used in the pronoun form (ie without the noun) the first **e** is normally accented:*

A: ¿Qué jersey quieres?
Which sweater do you want?

B: Quiero éste   *I'd like this one*

Números   *Numbers*

Cardinales   *Cardinal numbers* (Lecciones 1, 2, 3, 4, 6)

The following cardinal numbers can change their form:

uno ⎤ *indicate the masculine or feminine*
una ⎦ *form of* **one.**

A: ¿Cuántos pasteles quieres?
  How many cakes would you like?

B: Uno   *One*

When placed with a noun the masculine form is indicated as follows:

Quiero un pastel   *I'd like one cake*
       or
       I'd like a cake

Numbers 200 to 999 inclusive have a masculine and a feminine form in the hundreds:

Hay doscient**os** chicos y trescient**as** chicas en el colegio
There are 200 boys and 300 girls at the school

The word for million (**millón**) *has a plural form:*

un millón
dos millones

Note: Cardinal numbers are used for dates:

El veinticinco de julio   *the twenty-fifth of July*

Ordinales   *Ordinal numbers* (Lecciones 2, 3, 4)

See Lección 4 *for full details.*

All ordinals have masculine and feminine forms:

el cuarto piso   *the fourth floor*   (4)
la cuarta calle   *the fourth street*   (3)

Two ordinals (primero, tercero) *change their form in the masculine when placed before a noun:*

el primer piso   *the first floor*
el tercer piso   *the third floor*

Note: Ordinals are normally situated before the noun, unlike other adjectives.

Note: Dates are **not** *given as ordinals but as cardinals:*

el (día) tres de octubre   *the third of October*

An exception is:

el primero de mayo ⎤
el uno de mayo ⎦ *the first of May*

which can use both forms.

La interrogación   *The question form* (Lecciones 1, 2 etc)

For all question forms the interrogative symbols (¿...?) *appear at the beginning and end of the question.*

Questions in conversation are identified by a rising intonation on the final syllable:

¿Eres de Madrid?   *Are you from Madrid?*

Questions are formed by:

a) *adding the interrogation symbols to an affirmative sentence.*

b) adding the interrogation symbols and also inverting the subject and the verb

a) ¿Juan es de Barcelona? }   *Is Juan from*
b) ¿Es Juan de Barcelona? }   *Barcelona?*

Pronombres y Adverbios interrogativos
Interrogative pronouns and adverbs
(Lecciones 1, 2, 3, 4, 5, 9)

The following interrogative pronouns are used to form questions:

¿Qué … ?   ¿Qué quieres?
What do you want?   (2)
¿Qué haces?
What do you do?   (5)
What are you doing?
¿Qué jersey quieres?
Which sweater do you want?

¿Cuál … ?   ¿Cuál es tu profesión?
What is your profession?   (1)

¿Cuáles … ?   ¿Cuáles son tus hijos?
Which ones are your children?

(Note agreement with singular and plural.)

¿Quién … ?   ¿Quién es?   *Who is it?*
¿Quién es de Barcelona?
Who is from Barcelona?

¿Quiénes … ?   ¿Quiénes son esos señores?   *Who are those people?*

(Note agreement with singular and plural.)

¿Cuánto …?   ¿Cuánto pescado quiere?
How much fish would you like?

¿Cuántos …?   ¿Cuántos coches hay?
How many cars are there?

¿Cuánta …?   ¿Cuánta leche quieres?
How much milk would you like?

¿Cuántas …?   ¿Cuántas horas trabajas?
How many hours do you work?

(Note agreement with masculine, feminine, singular and plural.)

Note: ¿Cuánto es?   *How much is it? This form does not vary.*

Note: **¿Qué …?** *and* **¿Cuál …?** *signify* **What …?** *and* **Which …?** *in general terms:*

¿Qué quieres?   *What do you want?*
¿Cuál quieres?   *Which (one) do you want?*

but can mean the same in the following examples:

¿Qué coche es de Juan?   *Which car is Juan's?*
¿Cuál es el coche de Juan?
Which is Juan's car?

¿Qué …? *is used immediately before the noun*
¿Cual …? *is used immediately before the verb*

The following interrogative adverbs are also used to form questions:

¿Dónde está Belchite?
Where is Belchite?   (3)
¿De dónde eres?   *Where are you from?*   (1)
¿A dónde va el tren?
Where does the train go?   (10)

¿Cómo te llamas?   *What's your name?*   (1)
¿Cómo estás?   *How are you?*   (9)
¿Cómo es?   *What's it like?*   (4)

¿Cuándo es tu cumpleaños?
When is your birthday?

¿Por qué no vas a trabajar?
Why don't you go to work?   (9)
(**Porque** estoy enfermo   *Because I'm ill*)

Comparativos y Superlativos   *Comparatives and Superlatives*

Comparativos   *Comparatives*

Comparatives are formed by adding **más…que** *(more…than) or* **menos…que** *(less…than) to adjectives:*

El Talgo es **más** rápido **que** el Electrotrén
The Talgo is faster than the Electrotrén   (10)
El Rápido es **menos** cómodo **que** el Talgo
The Rápido is less comfortable than the Talgo   (10)

In addition, **tan … como** *can be used as the equivalent of* **as … as**:

El TER es **tan** cómodo **como** el Talgo
The TER is as comfortable as the Talgo

Similarly, when used with nouns:

En diciembre hace **más** frío **que** en febrero
In December it is colder than in February   (11)

En junio hace **menos** calor **que** en agosto
In June it is less hot than in August.

For the equivalent of **as much/many . . . as** *the following forms are used:*

	Masculino	Femenino
Singular	En julio hace **tanto** calor **como** en agosto *In July it is as hot as in August*	No hay **tanta** niebla **como** ayer *There isn't as much fog as yesterday*
Plural	En el pueblo no hay **tantos** coches **como** en la ciudad *In the town there aren't as many cars as in the city*	Aquí no hay **tantas** discotecas **como** en mi ciudad *There aren't as many discotheques here as there are in my city*

Superlativos   *Superlatives*

These are formed as follows:

El coche **más** caro   *The most expensive car*
La bicicleta **más** barata   *The cheapest bicycle*
Los hoteles **más** grandes   *The biggest hotels*
Las casas **más** pequeñas   *The smallest houses*

Also:
El coche **menos** rápido   *The 'least fast' car*
etc.

Used without a noun, the superlative form appears as follows:

¿ Cuál es **el más** caro (de todos)?
Which is the most expensive (of all)?

The equivalent of the English **good, better than, the best** *is:*

bueno
mejor … que …
el/la mejor … de …
es el mejor restaurante de Sevilla
it's the best restaurant in Sevilla

The equivalent of **bad, worse than, the worst** *is:*

malo
peor que…
el/la peor …de…

Note: The Spanish for **my older brother** *and* **my younger sister** *is:*

mi hermano mayor
mi hermana menor

respectively.

The addition of **-ísimo** to adverbs and adjectives has the effect of increasing the emphasis:

Me gusta la película mucho
I like the film a lot

Me gusta la película muchísmo
I like the film very much indeed

When used with adjectives the rule for masculine, feminine, singular and plural agreement applies:

	Masculino	**Femenino**
Singular	Es un chico altísimo *(very tall)*	Es una chica delgadísima *(very thin)*
Plural	Son hoteles grandísimos *(very big)*	Son casas carísimas *(very expensive)*

Adverbios y preposiciones *Adverbs and prepositions*

Frases preposicionales de lugar *Prepositional phrases of place* (Lección 3)

Aquí *Here* (Cerca de aquí *Near here*)
Allí *There* (Lejos de allí *A long way from there*)

The following add **de**:

cerca de la oficina de turismo
near the tourist office
lejos de Madrid *a long way from Madrid*
enfrente del parque *opposite the park*
debajo de la mesa *under the table*
delante de su casa *in front of his/her house*
detrás de su coche *behind his car*

Also:

a la izquierda (de) *to the left (of)*
a la derecha (de) *to the right (of)*
al final de la calle *at the end of the street*
al lado del restaurante *next to the restaurant*

The following prepositions do not add **de**:

sobre la mesa *above/on the table*
en la mesa *on the table*
entre el restaurante y el banco
between the restaurant and the bank

Adverbios de tiempo *Adverbs of time* (Lecciones 8, 10, 11, 13)

nunca **Nunca** tengo tiempo libre
I never have free time (8)

This occurs at the beginning of a sentence in this form. Otherwise it is accompanied by **no**:

No tengo tiempo libre **nunca**
No tengo **nunca** tiempo libre

siempre **Siempre** leo por las noches
I always read at night (8)
a veces **A veces** vamos al cine

We sometimes go to the cinema

These two adverbs normally occur at the beginning of a sentence but can also occur immediately after the verb or after the object:

Leo **siempre** por las noches
Leo por las noches **siempre**

temprano   Voy a Santander mañana muy **temprano**   *I'm going to Santander tomorrow very early*   (10)

tarde   El Talgo sale **tarde**   *The Talgo leaves late*   (10)

pronto   El tren sale **pronto**   *The train leaves soon*   (10)

These three adverbs normally occur immediately after the verb or at the end of a sentence.

ahora   Está lloviendo **ahora**
It's raining now   (11)

Note: This adverb occurs before or after the verb.

primero   **Primero** fui al teatro
First I went to the theatre   (12)
después   **Después** cené en un restaurante
After/then I had dinner in a restaurant   (12)
luego   **Luego** fui a una discoteca
Then I went to a discotheque   (12)

Note: These normally occur at the beginning of a sentence, but can also occur at the end:

Fui al teatro **primero**

or after the verb:

Fui **primero** al teatro.

Adverbios de cantidad
Adverbs of quantity

muy   Es **muy** grande   *It's very big*   (3)
mucho   Trabajo **mucho**   *I work a lot*
                                I work hard   (5)
demasiado   Juan fuma **demasiado**
Juan smokes too much

Adverbios de modo   *Adverbs of manner*

bien   A: ¿Cómo estás?
           B: Estoy **bien**   *I'm well*
           Carmen canta **bien**   *Carmen sings well*

mal   Estoy **mal**   *I'm not well*
El equipo juega **mal**   *The team plays badly*

regular   Estoy **regular**   *I'm alright, so-so (average)*

Adverbios en -mente
Adverbs with -mente

-mente *is the equivalent of the English* **-ly**

Como en casa **generalmente**   *I eat at home generally*   (5)
Exactamente   *Exactly*

Adverbios de afirmación y negación
Adverbs of affirmation and negation

Sí   *Yes*

Note: **si** *with no accent signifies* **if**

No   *No*

To express negation in a sentence simply place **no** *before an affirmative sentence before the verb:*

No voy a las discotecas   *I don't go to discos*
No quiero más café
I don't want (any) more coffee

If the sentence has a subject, **no** *is placed after the subject and before the verb:*

Juan **no** va a las discotecas
Juan doesn't go to discos

Preposiciones *Prepositions*

The most frequently occurring prepositions are **a** *and* **de**.
They have a variety of functions:

Tiempo *Time*

Me levanto **a** las ocho
I get up at eight o'clock
La tienda abre **de** nueve **a** cuatro
The shop opens from nine to four   (5)
Trabajo hasta la una **de** la tarde
I work until one in the afternoon

Dirección/Distancia
Direction/Distance

María va **a** la discoteca
María goes to the disco   (8)
vamos **al** cine   *Let's go to the cinema*

Note: a + el = al.

Está **a** cuarenta kilómetros **de** aquí
It's 40 kilometres from here   (3)

Objeto directo (persona)
Direct object (person)

María quiere **a** Juan   *María loves Juan*
Invito **a** María   *I invite María*

Objeto indirecto (persona)
Indirect object (person)

Escribiré una carta **a** Carlos
I'll write a letter to Carlos

Note: **a** *can be used as emphasis in the following example:*

A María le gusta   *María likes it*

Otros ejemplos
Other examples

a *occurs with the infinitive after certain verbs or constructions:*

ir + **a** + infinitivo

Voy **a** esquiar   *I'm going skiing*

Te invito **a** cenar
I invite you to supper/dinner

Origen o procedencia
Origin or place of departure

El tren sale **de** Madrid   (10)
The train leaves from Madrid
Soy **de** Zaragoza   *I'm from Zaragoza*   (1)

Posesión o pertenencia
Possession or ownership

El pasaporte **de** mi hija
My daughter's passport

Note the following examples of the use of **de** *and compare them with the English equivalent:*

un número **de** teléfono
a telephone number   (1)
la madre **de** Yolanda   *Yolanda's mother*   (1)
el profesor **de** inglés
the English teacher   (2)
un bocadillo **de** jamón
a ham sandwich   (2)
el fin **de** semana   *the weekend*   (5)
tengo dolor **de** estómago
I have a stomach ache   (13)

Material *Material*

Es **de** plástico   *It's made of plastic*   (13)

Contenido/cantidad *Content/quantity*

un vaso **de** agua   *a glass of water*
un kilo **de** patatas   *a kilo of potatoes*

Otros ejemplos *Other examples*

Voy **de** vacaciones
I'm going on holiday   (12)
Estoy **de** vacaciones   *I'm on holiday*
Tengo dolor **de** estómago
I have a stomach ache

Note: **de** *and* **desde,** *meaning* ***from*** *(a place or a time) are interchangeable:*

Viajan **desde/de** Valencia
They travel from Valencia
Trabajo **desde/de** las nueve hasta la una
I work from nine to one

Otras preposiciones *Other prepositions*

con   un café **con** leche
a coffee with milk   (2)

Paso mi tiempo libre **con** mi familia
I spend my free time with my family   (8)

sin   Toma el café **sin** azucar
He takes coffee without sugar

en   Vivo **en** Valencia
I live in Valencia   (2)

por   Sólo trabajo **por** la mañana
I only work in the morning
Viajar **por** la ciudad es difícil
Travelling around the city is difficult   (8)

para   Quiero una habitación **para** una noche
I'd like a room for one night   (4)
Un billete **para** Santander
para mañana, por favor
A ticket for Santander for tomorrow, please   (10)

Verbos   *Verbs*

Presente *Present tense*
Regulares *Regular*

See Lección 5 *for singular*
8 *for plural*

	-ar	-er	-ir
	trabaj**ar** (5,8)	com**er** (5,8)	viv**ir** (2,5,8)
Yo	trabaj**o**	com**o**	viv**o**
Tú	trabaj**as**	com**es**	viv**es**
Él / Ella / Usted (Vd)	trabaj**a**	com**e**	viv**e**
Nosotros/as	trabaj**amos**	com**emos**	viv**imos**
Vosotros/as	trabaj**áis**	com**éis**	viv**ís**
Ellos / Ellas / Ustedes (Vds)	trabaj**an**	com**en**	viv**en**

Ejemplos:

Trabajo en una tienda   *I work in a shop*   (5)

Visitamos a mis abuelos
We visit my grandparents

Cenan a las diez   *They have dinner at ten*

Como en casa   *I eat at home*

¿Coméis en casa?   *Do you eat at home?*

Vivo cerca de la tienda   *I live near the shop*

¿Viven en Málaga?   *Do they live in Málaga?*

Irregulares   *Irregular*

General note: Irregular forms only occur in the 1st, 2nd and 3rd person singular and 3rd person plural. 1st and 2nd person plural follow the same rules as regular verbs (see examples below).

1   Irregularidad vocálica   *Vowel irregularity*

a)   -e → -ie

cerrar   *to close*
c**ie**rro
c**ie**rras
c**ie**rra
cerramos
cerráis
c**ie**rran

¿A qué hora **cierra** la tienda?
What time does the shop close?

Other examples:

empezar   *to begin/to start*

¿A qué hora empieza la película?
What time does the film begin?   (6)

querer   *to want*

¿Quieres un café?
Do you want/would you like a coffee?   (2)

nevar   *to snow*

nieva   *It's snowing/it snows*

b)   -e → -i

pedir   *to ask for, to request, to order*

p**i**do
p**i**des
p**i**de
pedimos
pedís
p**i**den

Siempre **pide** un café solo
He always asks for a black coffee

Other examples:

seguir   *to follow*

Sigues esta calle   *You follow this street*   (3)

c)   -o → -ue

poder   *to be able (can)*

p**ue**do
p**ue**des
p**ue**de
podemos
podéis
p**ue**den

No **puedo** ir al cine
I can't go to the cinema   (9)

Other examples:

volver   *to return*

Vuelvo a la una
I'm coming back at 1 o'clock   (5)

soler   *to usually do*

Suelo visitar a mi familia los domingos
I usually visit my family on Sundays   (8)

acostarse   *to go to bed*

Me acuesto a las once   *I go to bed at 11*   (5)

doler   *to hurt*

Me **duele** la cabeza
I have a headache (My head hurts)

costar   *to cost*

¿Cuánto **cuesta?**   *How much is it?*   (6)

llover   *to rain*

Llueve   *It's raining/it rains*

d) -u → -ue

jugar   *to play*

j**ue**go
j**ue**gas
j**ue**ga
jugamos
jugáis
j**ue**gan

Juego al fútbol   *I play football*

2 Irregularidad consonántica   *Consonant irregularity*

a) *The substitution of one consonant for another in the 1st person singular:*

hacer   *to make/to do*

ha**go**
haces
hace
hacemos
hacéis
hacen

A: ¿Qué haces?
B: **Hago** gimnasia

b) *The addition of a consonant to the final consonant of the infinitive root in the first person singular:*

salir   *to go out, to leave*

sal**go**
sales
sale
salimos
salís
salen

Salgo a las ocho   *I leave home at eight*   (5)

3 *Some verbs incorporate both irregular forms described in* **1** *and* **2** *(vowel and consonant)*

tener   *to have*

ten**go**
t**ie**nes
t**ie**ne
tenemos
tenéis
t**ie**nen

A: ¿Cuántos años **tienes?**
B: **Tengo** veinticinco años

venir   *to come*

ven**go**
v**ie**nes
v**ie**ne
venimos
venís
v**ie**nen

A: ¿De dónde **vienes?**
       Where have you come from?
B: **Vengo** del cine
       I've come from the cinema

Presente Continuo
The Present Continuous (Progressive)

(*See* Lección 11)

Forma: estar + gerundio

	-ar	-er	-ir
estoy			
estás			
está	cen**ando**	com**iendo**	viv**iendo**
estamos			
estáis			
están			

Uso　*Use*

To describe things that are happening now or currently:

Estoy estudiando; no puedo salir
I'm studying; I can't go out

Estoy trabajando en una fábrica
I'm working in a factory

Note: The present simple is often used instead of the present continuous:

¿Llueve?　　　　*Is it raining?*
¿Está lloviendo?　*It's raining*

(They are interchangeable)

El niño duerme　　　　*The child is sleeping*
El niño está durmiendo　*The child is sleeping*

El Futuro　*The Future*

(*See* Lección 10)

Regular　*Regular*

Visitaré Argentina el año que viene
I'll visit Argentina next year

Endings for the future conjugation are the same for all three verb types (-ar, -er, -ir). In the regular form, these endings are added to the infinitive:

trabajar	-é
comer	-ás
vivir	-á
	-emos
	-éis
	-án

Irregular　*Irregular*

poder　podré, podrás, etc
tener　tendré, tendrás, etc
salir　saldré, saldrás, etc
venir　vendré, vendrás, etc
hacer　haré, harás, etc

(*See* Lección 10 *for examples*)

Note: The forms **comeré** *and* **voy a comer** (**ir** + *infinitive, see* Lección 9) *are used interchangeably in Spanish.*

Pretérito Perfecto　*Present Perfect*

(*See* Lección 13)

The past participle of regular verbs is formed as follows:

trabajar	trabaj**ado**
comer	com**ido**
vivir	viv**ido**

Note that **–er** *and* **–ir** *verbs take the same form of the past participle (***-ido***).*

The auxiliary verb **haber** *is conjugated as follows:*

he	hemos
has	habéis
ha	han

He trabajado mucho hoy
I've worked very hard today

Note: irregular participle　hacer　**hecho**

¿Qué has **hecho?**　　*What have you done?*

Uso *Use*

The use of the Pretérito Perfecto *corresponds approximately with the use of the Present Perfect in English.*

Note: This tense is not used in many Latin American countries and some parts of Spain. In these cases it is substituted by the Pretérito Indefinido *(Simple Past).*

Pretérito Indefinido *Simple Past*

The simple past of regular verbs is formed as follows:

-ar	**-er**	**-ir**
cenar	beber	salir
cen**é**	beb**í**	sal**í**
cen**aste**	beb**iste**	sal**iste**
cen**ó**	beb**ió**	sal**ió**
cen**amos**	beb**imos**	sal**imos**
cen**asteis**	beb**isteis**	sal**isteis**
cen**aron**	beb**ieron**	sal**ieron**

Ayer salí por la noche
Yesterday I went out in the evening (12)
Cené en un restaurante
I had dinner in a restaurant
Bailé y bebí demasiado
I danced and drank too much

The simple past of irregular forms:

The verbs **ir** *(to go) and* **ser** *(to be) are identical in this tense:*

fui
fuiste
fue
fuimos
fuisteis
fueron

Fui al teatro   *I went to the theatre*   (12)

For all other irregular verbs the irregularity occurs in the stem and not the endings.

hacer:		**estar:**	
	hice		estuve
	hiciste		estuviste
	hizo		estuvo
	hicimos		estuvimos
	hicisteis		estuvisteis
	hicieron		estuvieron

tener:	
	tuve
	tuviste
	tuvo
	tuvimos
	tuvisteis
	tuvieron

¿Qué hiciste ayer?
What did you do yesterday?   (12)
Estuve en la playa   *I was on the beach*   (12)
Tuve tres semanas de vacaciones
I had three weeks' holiday   (12)

Note: The pretérito indefinido *form of* **hay** *is* **hubo.**

Hubo una exposición
There was an exhibition   (12)

Uso *Use*

This is the tense used in narrative to describe events occurring in a specified or implied time.

Note: In most of Latin America and some parts of Spain this tense is also used instead of the Pretérito Perfecto *(Present Perfect).*

Construcciones con tener *Constructions with tener*

Tengo frío   *I'm cold*   (I have a cold)
Tengo calor   *I'm hot*   (I have heat)

Tengo sed   *I'm thirsty   (I have thirst)*
Tengo sueño   *I'm tired   (I have sleep)*
Tengo hambre   *I'm hungy   (I have hunger)*
Tengo diecisiete años   *I'm seventeen*
(I have seventeen years)

Estructuras que indican órdenes o consejo
Structures that indicate orders or advice

(*See* Lecciones 9.13)

Tener que
Deber   } + infinitivo
Hay que

Usos de 'ser' y 'estar'   *Uses of ser and estar*

(*See* Lecciónes 1, 2, 3, 4, 8, 9)

Ser	*With nouns and prepositions*	*With adjectives*
	Profesión: Soy recepcionista	*For permanent, essential qualities:*
	Nacionalidad: ¿Es español?	La casa es vieja
	Preposición: El pasaporte es de mi hija	El hotel es moderno
		Juan es simpático
	Origen: Es de Bogotá	Gloria es alta
	Material: Es de oro	

Estar	*With prepositions*	*With adjectives*
	Indicating position or situation:	*Indicating transitory temporary or accidental state, things that can change or are the result of change, state of health or mood:*
	¿Dónde está Bogotá?	
	Está en el centro de Colombia.	
	¿Está Juan en casa?	La casa está sucia
	No, no está.	Estoy enferma
		Está triste

English–Spanish wordlist

Key:
m = masculino
f = femenino
pl = plural
n = noun
vt = transitive verb

vi = intransitive verb
adv = adverb
adj = adjective
interr = interrogative
prep = preposition

conj = conjunction
excl = exclamation
pron = pronoun
aux vb = auxiliary verb

A

abandon (vt) abandonar
above (adv, prep) encima, por encima, sobre, arriba
— *all* sobre todo
accept (vt) aceptar
accommodation (n) alojamiento
active (adj) activo, enérgico
activity (n) actividad (f)
actor (n) actor
actress (n) actriz
address (n) dirección (f), señas (fpl)
adhesive tape (n) esparadrapo
advantage (n) ventaja
take — of aprovechar
advertisement (n) anuncio
advice (n) consejo
a piece of— un consejo
to give — aconsejar
advise (vt) aconsejar
affectionate (adj) cariñoso, afectuoso
after (prep: time) después de
(prep: place, order) detrás de
(adv) despué
afternoon (n) tarde (f)
good —! ¡buenas tardes!
age (n) edad (f)
old — vejez (f)
agree (vt) estar de acuerdo (con)
agreed (adv) de acuerdo
airport (n) aeropuerto
allergic (adj) alérgico
allergy (n) alergia
all right (adv) feel — bien, regular
as answer ¡está bien!, ¡vale!, ¡de acuerdo!
also (adv) también, además
although (conj) aunque
ambitious (adj) ambicioso
America (n) América del Norte
American (adj, n) norteamericano
amongst (prep) entre, en medio de
angry (adj) enfadado
to be — with sb estar enfadado con alguien
ankle (n) tobillo
antique (n) antigüedad (f)
(adj) antiguo

anything (pron) I don't want — No quiero nada
Do you want —? ¿Quieres algo?
— else? ¿Algo más?
apartment (n) apartamento, piso
apple (n) manzana
April (n) abril
architect (n) arquitecto/a
Argentina (n) Argentina
Argentinian (adj, n) argentino/a
arm (n) brazo
army (n) ejército
arrival (n) llegada
arrive (vi) llegar
art (n) arte (m)
work of— obra de arte
artistic (adj) artístico
aspect (n) aspecto
aspirin (n) aspirina
assistant (n) ayudante (m/f)
shop — dependiente/a
as well (adv) también, además
athletics (n) atletismo
atmosphere (n) atmósfera
(fig) ambiente (m)
attractive (adj) atractivo
August (n) agosto
author (n) autor(a)
autumn (n) otoño
avenue (n) avenida
away (adv) He is — fuera
far — lejos
two kilometres — a dos kilómetros

B

back (n) espalda
get — (vi) volver
bad (adj) malo
I feel — Me encuentro mal
baker (n) panadero/a
balcony (n) balcón (m)
banana (n) plátano
bandage (n) venda, vendaje (m)
bank (n) comm. banco
bar (n) bar (m)
barbecue (n) barbacoa
barworker (n) camarero/a

basement (n) sótano
basketball (n) baloncesto
bath (n) baño
to have a — tomar un baño
— tub bañera
bathe (vi) bañarse
bathroom (n) (cuarto de) baño
be (vi) ser
of place, temporary or reversible condition estar
beach (n) playa
beat (vt) hit golpear
eggs batir
defeat vencer
beautiful (adj) hermoso, bello
bed (n) cama
bedroom (n) dormitorio
beer (n) cerveza
begin (vt, vi) empezar, comenzar
behind (prep) detrás de, atrás, por detrás
Belgian (adj, n) belga (m/f)
Belgium (n) Bélgica
besides (adv) además
(prep) as well as además de
better (adj) mejor
(adv) mejor
to get — mejorar
between (prep) entre
big (adj) grande
bill (n) cuenta
birthday (n) cumpleaños (m)
biscuit (n) galleta
black (adj) negro
— coffee café solo (m)
blonde (adj) rubio
blouse blusa
blue (adj) azul
board full — (in a hotel) pensión completa (f)
half — media pensión
body (n) cuerpo
bored (adj) aburrido
boring (adj) aburrido
bottle (n) botella
box (n) caja
boy (n) chico, niño
boyfriend (n) novio

Brazil (*n*)   Brasil
Brazilian (*adj, n*)   brasileño/a
bread (*n*)   pan (m)
break (*vt*)   romper
   (*vi*) — *down*   estropearse
breakdown (*n*) *car*   avería
breakfast (*n*)   desayuno
   (*vi*) *have* —   desayunar
bring (*vt*)   traer
brochure (*n*)   folleto
brother (*n*)   hermano
brown (*adj*) *colour*   marrón
    dark, tanned   moreno
build (*vt*)   construir
building (*n*)   edificio
bull (*n*)   toro
bullfight (*n*)   corrida
bullfighter (*n*)   torero
bullring (*n*)   plaza de toros
burglary (*n*)   robo (de una casa)
burn (*vt*)   quemar
   (*vi*)   quemarse
    sting   escocer
bus (*n*)   autobús
business (*n*)   comercio, negocios
businessman (*n*)   hombre de negocios
businesswoman (*n*)   mujer de
               negocios
busy (*adj*)   ocupado
butcher (*n*)   carnicero/a
butcher's shop (*n*)   carnicería
butter (*n*)   mantequilla
buy (*vt*)   comprar
bye! (*excl*)   ¡adiós!

C

cake (*n*)   pastel (m)
cakeshop (*n*)   pastelería
call (*vt*)   llamar
   by telephone   llamar por teléfono
   announce   anunciar
   (*n*)   llamada (telefónica)
   a boy called Juan   un chico que se
       llama Juan
calm (*adj*)   tranquilo
can (*vt*) *be able*   poder
   know how to   saber
capital (*n*) *city*   capital (f)
card (*n*)   tarjeta
   credit—   tarjeta de crédito
   post —   tarjeta postal
care: take —! (*excl*)   ¡cuidado!
carnival (*n*)   fiesta
carrot (*n*)   zanahoria
carry (*vt*)   llevar
cartoon (*n*) — *film*   dibujos
    animados
catarrh (*n*)   catarro
cathedral (*n*)   catedral (f)
cauliflower (*n*)   coliflor (f)
ceiling (*n*)   techo

celebration (*n*)   fiesta, celebración (f)
centre (*n*)   centro
cereal (*n*)   cereal (m)
change (*vt*)   cambiar
   — *clothes*   cambiar de ropa
   (*n*) *money*   cambio
character (*n*)   carácter (m)
cheap (*adj*)   barato
cheerful (*adj*)   alegre
cheers! (*excl*)   ¡salud!
cheese (*n*)   queso
chemist (*shop*) (*n*)   farmacia
chess (*n*)   ajedrez (m)
chest (*n*) *body*   pecho
chicken (*n*)   pollo
China (*n*)   China
Chinese (*adj, n*)   chino/a
chips (*n*)   patatas fritas
cinema (*n*)   cine (m)
citizen (*n*)   ciudadano, habitante
   (m/f)
city (*n*)   ciudad (f)
clean (*vt*)   limpiar
   (*adj*)   limpio
cleaning (*n*)   limpieza
clerk (*n*)   funcionario, oficinista (m/f)
climate (*n*)   clima (m)
clinic (*n*)   clínica
clock (*n*)   reloj (m)
close (*adj*) *near*   cerca
   (*vt*)   cerrar
closed (*adj*)   cerrado
clothing (*n*)   ropa
clue (*n*)   pista
cod (*n*)   bacalao
coffee (*n*)   café (m)
cold (*n, adj*)   frío
   (*n*) *have a —*   estar resfriado
   I am —   tengo frío
   it's —   hace frío
collect (*vt*)   recoger
colour (*n*)   color (m)
Columbia (*n*)   Colombia
Columbian (*adj, n*)   colombiano/a
comedy (*n*)   comedia
comfortable (*adj*)   cómodo
compassionate (*adj*)   compasivo
competition (*n*)   concurso
concert (*n*)   concierto
congratulations!
   (*excl*)   ¡enhorabuena!,
   ¡felicidades!
construct (*vt*)   construir
consult (*vt*)   consultar
cook (*vt*)   cocinar
corner (*n*) *outside*   esquina
   inside   rincón (m)
correspondence (*n*)   correspondencia
corridor   pasillo
country (*n*)   país (m)
countryside (*n*)   campo

coup (*n*)   golpe (de estado) (m)
cream (*n*)   nata, crema
credit — card (*n*)   tarjeta de crédito
crisps (*n*)   patatas fritas
cruel (*n*)   cruel
cycling (*n*)   ciclismo

D

dangerous (*adj*)   peligroso
Dane (*n*)   danés/esa
Danish (*adj*)   danés/esa
Danish (*n*) *language*   danés (m)
dark (*adj*)   oscuro
   hair, complexion   moreno
date (*n*)   fecha
daughter (*n*)   hija
day (*n*)   día (m)
   — *off*   día libre
December (*n*)   diciembre
decide (*vt*)   decidir
Denmark (*n*)   Dinamarca
dentist (*n*)   dentista (m/f)
departure (*n*)   salida
description (*n*)   descripción
desire (*n*)   deseo
   (*vt*)   desear
desperate (*adj*)   desesperado
dessert (*n*)   postre (m)
detail (*n*)   detalle (m)
diarrhoea (*n*)   diarrea
die (*vi*)   morir
different (*adj*)   diferente, distinto
difficult (*adj*)   difícil
dine (*vi*)   comer, cenar
dining room (*n*)   comedor (m)
dinner (*n*) *evening meal*   cena
   lunch   comida
direction (*n*)   dirección (f)
dirt (*n*)   suciedad (f)
dirty (*adj*)   sucio
disadvantage (*n*)   desventaja
discotheque (*n*)   discoteca
disguise (*n*)   disfraz (m)
   (*vt*)   disfrazar
dish (*n*)   plato
divorce (*n*)   divorcio
   (*vt*)   divorciarse
divorced (*adj*)   divorciado
do (*vt, vi*)   hacer
dog (*n*)   perro
dominant (*adj*)   dominante
door (*n*)   puerta
double bed (*n*)   cama de matrimonio
double room (*n*)   habitación doble (f)
dress (*n*)   vestido
   (*vt*)   vestir
   — *oneself*   vestirse
drink (*n*)   bebida
   (*vt*)   beber
drive (*vi, vt*)   conducir
driver (*n*)   conductor/a

drought (*n*)   sequía
dry (*adj*)   seco
   (*vt*)   secar
   (*vi*)   secarse
during (*prep*)   durante
Dutch (*adj*)   holandés/esa
   (*n*) *language*   holandés

E
each (*adj*)   cada
   (*pron*)   cada uno
ear (*n*)   oreja
   sense of hearing   oído
early (*adv*)   temprano, pronto
earn (*vt*)   ganar
east (*n*)   este (m)
eat (*vt*)   comer
eight (*adj*)   ocho
elevator (*n*)   ascensor (m)
empty (*adj*)   vacío
enchant (*vt*)   encantar
end (*n*) *film*   fin (m)
   street   final (m)
   (*vt*)   terminar, acabar
engine (*n*)   motor (m)
engineer (*n*)   ingeniero/a
England (*n*)   Inglaterra
English (*adj*, *n*)   inglés, inglesa
   (*n*) *language*   inglés
enjoy (*vt*) *I — doing*   me gusta hacer
   —*oneself*   divertirse, pasarlo bien
enjoyable (*adj*)   agradable, divertido
enough (*adj*)   bastante
enter (*vt*)   entrar
entrance (*n*)   entrada
environment (*n*)   medio ambiente (m)
evening (*n*) *late afternoon*   tarde (f)
   night   noche (f)
every (*adj*) *each*   cada
exactly (*adv*)   exactamente
examination (*n*)   examen (m)
except (*prep*)   excepto, salvo
   all — one   todos menos uno
exchange (*n*) *money, goods*   cambio
   telephone—   central telefónica (f)
   foreign—   divisas
   (*vt*)   cambiar
excite: *get excited*   emocionarse
excitement (*n*)   emoción (f)
exciting (*adj*)   emocionante
excuse me! (*excl*)   ¡perdón!
expensive (*adj*)   caro
eye (*n*)   ojo

F
fabric (*n*)   tela, tejido
faint (*vi*)   desmayarse
   to feel —   estar mareado
faintness (*n*)   mareo
fair (*adj*) *hair, person*   rubio
fall (*vi*)   caer(se)

   — *in love with sb*   enamorarse de alguien
family (*n*)   familia
famous (*adj*)   famoso
fancy dress (*n*)   disfraz (m)
fantastic (*adj*)   fantástico, estupendo
fascinating (*adj*)   fascinante
fast (*adj*)   rápido
   (*adv*)   rápidamente, de prisa
fat (*adj*) *person*   gordo
   on meat   grasa
father (*n*)   padre (m)
fault (*n*) *blame*   culpa
   it's my —   es culpa mía
favourite (*adj*, *n*)   favorito, preferido
February (*n*)   febrero
feel (*vt*) *touch*   tocar
   senses   sentir
   — *hungry, cold*   tener hambre, frío
   I — like going out   me apetece salir
fever (*n*)   fiebre (f)
fiancé (*n*)   novio
fiancée (*n*)   novia
fifth (*adj*)   quinto
fill (*vt*)   llenar
   tooth   empastar
filling (*n*) *tooth*   empaste (m)
film (*n*)   película
finish (*vt*, *vi*)   terminar, acabar
fire (*n*)   fuego
   accident   incendio
fireworks (*n*, *pl*)   fuegos artificiales
firm (*n*) *company*   empresa
first (*adj*)   primero
firstly (*adv*)   en primer lugar
fish (*n*) *live*   pez (m)
   food   pescado
fishing (*n*)   pesca
   go —   ir de pesca
fishmonger's (*n*)   pescadería
five (*adj*)   cinco
flat (*n*) *accommodation*   piso, apartamento
floods (*n*)   inundaciones (f, pl)
floor (*n*)   suelo
   storey   piso
flu (*n*)   gripe (f)
fog (*n*)   niebla
food (*n*)   comida
foot (*n*)   pie (m)
football (*n*)   fútbol (m)
   ball   balón (m), pelota
   — *ground*   campo de fútbol
for (*prep*)   para
   — *six months*   durante seis meses
forecast (*n*) *weather*   previsión meteorológica (f)
foreign (*adj*)   extranjero
foreigner (*n*)   extranjero

forest (*n*)   bosque (m), selva
forget (*vt*)   olvidar
form (*n*) *document*   formulario
fortnight (*n*)   quincena, quince días
four (*adj*)   cuatro
fourth (*adj*)   cuarto
France (*n*)   Francia
free (*adj*) *not occupied*   libre
   — *time*   tiempo libre
French (*adj*, *n*)   francés/esa
fresh (*adj*)   fresco
   — *air*   aire libre (m)
from (*prep*)   de
   where are you —?   ¿de dónde eres?
front (*prep*) *in — of*   delante de
fruit (*n*)   fruta
full (*adj*)   lleno
   hotel, theatre   completo
fun (*n*)   diversión (f)
funny (*adj*)   divertido, gracioso

G
garden (*n*)   jardín (m)
garlic (*n*)   ajo
gauze (*n*)   gasa
generous (*adj*)   generoso
geology (*n*)   geología
German (*adj*, *n*)   alemán/ana
   language   alemán
Germany (*n*)   Alemania
get (*vt*) *obtain*   obtener
   pick up, seize   coger
   (*vi*) —*ready*   prepararse
   — *dressed*   vestirse
   — *tired*   cansarse
   — *up*   levantarse
giant (*n*)   gigante (m/f)
girl (*n*)   chica
girlfriend (*n*)   novia
give (*vt*)   dar
   gift   regalar
glasses (*n*)   gafas
go (*vi*)   ir
   travel   viajar
   depart   irse
   — *dancing*   ir a bailar
gold (*n*)   oro
good (*adj*)   bueno
   —!   ¡qué bien!
   — *morning!*   ¡buenos días!
   — *afternoon!*   ¡buenas tardes!
   — *night!*   ¡buenas noches!
gram (*n*)   gramo
Great Britain (*n*)   Gran Bretaña
Greece (*n*)   Grecia
Greek (*adj*, *n*)   griego/a
   language   griego
green (*adj*)   verde
greengrocer's (*n*)   verdulería
grey (*adj*)   gris

ground (n) suelo, tierra
    football — campo de fútbol
group (n) grupo
    rock — conjunto (de rock)
guesthouse (n) pensión (f)
gymnasium (n) gimnasio
gymnastics (n) gimnasia

H

hair (n) pelo
    grey haired (adj) canoso/a
hake (n) merluza
hall (n) concert — sala
    entrance — entrada, vestíbulo
hallway (n) vestíbulo
ham (n) smoked — jamón serrano (m)
    soft — jamón york
hand (n) mano (f)
handkerchief (n) pañuelo
happen (vi) ocurrir, suceder
happiness (n) felicidad (f)
happy (adj) feliz
hard (adj) duro
    difficult difícil
hardly (adv) apenas
    — ever casi nunca
hardware (n) — store ferretería
hard-working (adj) trabajador(a)
have (vt) tener
    — a drink, bath tomar
    — breakfast, lunch, dinner
    desayunar, comer, cenar
he (pron) él
head (n) cabeza
health (n) salud (f)
healthy (adj) sano
heart (n) corazón (m)
heat (n) calor (m/f)
heavy (adj) pesado
hello! (excl) ¡hola!
her (adj) su/sus
hers (pron) el suyo/la suya
here (adv) aquí
Hindu(n, adj) hindú (m/f)
his (adj) su/sus
    (pron) el suyo/la suya
hobby (n) pasatiempo, afición (f)
    hobby (m)
holidays (n) vacaciones (f, pl)
Holland (n) Holanda
home (n) casa, hogar (m)
    at — en casa
homework (n) deberes (m, pl)
hope (n) esperanza
    (vt, vi) esperar
horrible (adj) horrible
horse (n) caballo
hospital (n) hospital (m), clínico
hot (adj) caliente
    weather caluroso
    it's — hace calor

hotel (n) hotel (m)
hour (n) hora
house (n) casa
how (adv) cómo
    — are you? ¿cómo estás?
    — far is it? ¿a qué distancia
    está?
    — many, much? ¿cuántos?,
    ¿cuánto?
hungry: I'm — tengo hambre
hurt (vi) doler
    it hurts me duele
husband (n) marido
hypermarket (n) hipermercado

I

I (pron) yo
ice cream (n) helado
identity (n) identidad
    — card carnet (m) de identidad
if (conj) si
ill (adj) enfermo/a
illness (n) enfermedad (f)
imagination (n) imaginación (f)
imaginative (adj) imaginativo
immediately (adv) at once en seguida
impatient (adj) impaciente
important (adj) importante
India (n) India
Indian (adj, n) indio/a
indigestión (n) indigestión (f)
inhabitant (n) habitante (m/f)
injection (n) inyección (f)
intellectual (adj, n) intelectual (m/f)
intelligent (adj) inteligente
interest (n) interés (m)
    (vt) interesar
interesting (adj) interesante
intuitive (adj) intuitivo
invitation (n) invitación (f)
Ireland (n) Irlanda
Irish (adj, n) irlandés/esa
Italian (adj, n) italiano/a
    language italiano
Italy (n) Italia
item (n) artículo
items of clothing prendas (de vestir)

J

jacket (n) chaqueta
jam (n) mermelada
January (n) enero
Japan (n) Japón
Japanese (adj, n) japonés/esa
    language japonés
jar (n) jarra, tarro
jewels (n) joyas
jeweller's shop (n) joyería
job (n) trabajo, empleo, ocupación (f)
jogging (n) correr
journalist (n) periodista (m/f)

journey (n) viaje (m)
July (n) julio
June (n) junio

K

karate (n) kárate (m)
keep (vt) guardar
key (n) llave (f)
kilogram (n) kilo (gramo)
kilometre (n) kilómetro
kind (adj) generoso, amable
    (n) type tipo, clase (f)
    make marca
kiosk (n) quiosco
kiss (vt) besar
    (n) beso
kitchen (n) cocina
knee (n) rodilla
know (vt) facts saber
    person, town conocer

L

lamb (n) cordero
language (n) idioma (m)
last (adj) último
    (vi) durar
    — week la semana pasada
    — night anoche
late (adv) tarde, atrasado
law (n) ley (f)
    as a subject Derecho
lawyer (n) abogado/a
leader (n) jefe/a, líder (m/f)
learn (vt) aprender
leave (vt) dejar
    (vi) salir, irse
    the train is leaving el tren sale
    I — home at 8 Salgo a las ocho
    I'm leaving Me voy
left (adj) izquierdo
    (n) izquierda
leg (n) pierna
lemon (n) limón (m)
letter (n) correspondence carta
    alphabet letra
life (n) vida
lift (n) elevator ascensor (m)
like (vt) I — sport Me gusta el
    deporte
    (adv) como
    (adj) parecido
listen (vi) escuchar, oír
litre (n) litro
little (adj) small pequeño
    not much poco
live (vi) vivir
lodgings (n) alojamiento
long (adj) largo
    a — way lejos
look (vi) mirar
look after (vt) cuidar

look at (*vt*)   mirar
look for (*vt*)   buscar
lose (*vt*)   perder
lot: a —   mucho
lotion (*n*)   loción (f)
love (*n*)   amor (m)
   (*vt*)   amar, querer
   I — reading   me encanta leer
loving (*adj*)   amoroso, cariñoso
luck (*n*)   suerte (f)
lucky (*adj*)   afortunado
lunch (*n*)   comida

M

magazine (*n*)   revista
maintain (*vt*)   mantener
make (*vt*)   hacer
manufacture (*vt*)   fabricar
many (*adj*)   muchos/as
   (*pron*)   muchos/as
map (*n*)   mapa (m)
March (*n*)   marzo
marital status (*n*)   estado civil
married (*adj*)   casado
marry (*vt*)   casarse con
match (*n*) *to light*   cerilla
   game   partido
material (*adj*)   material (m)
   fabric   tela
May (*n*)   mayo
maybe (*adv*)   quizás
measure (*vt*)   medir
meat (*n*)   carne (f)
mechanic (*n*)   mecánico
medicine (*n*)   medicina
meet (*vt*)   encontrar
   for the first time   conocer
   pleased to — you   ¡mucho gusto!,
   ¡encantado!
metal (*n*)   metal (m)
metallic (*adj*)   metálico
method (*n*)   método
Mexican (*adj, n*)   mexicano/a
Mexico (*n*)   México
midday (*n*)   mediodía (m)
military (*adj*)   militar
milk (*n*)   leche (f)
million (*n*)   millón (m)
mine (*pron*)   el mío/la mía
mineral (*adj, n*)   mineral (m)
   — water   agua mineral
minute (*n*)   minuto
Miss (*n*)   señorita
miss (*vt*) *train*   perder
   I — my country   echo de menos
   mi país
modern (*adj*)   moderno
molar (*n*)   muela
moment (*n*)   momento
   one — please   un momento, por
   favor

month (*n*)   mes (m)
more (*adj, adv*)   más
   would you like —?   ¿quieres más?
   — or less   más o menos
morning (*n*)   mañana
   good —!   ¡buenos días!
mother (*n*)   madre (f)
mountain (*n*)   montaña
mountaineer (*n*)   alpinista (m/f)
mountaineering (*n*)   alpinismo
mouth (*n*)   boca
move (*house*) (*vi*)   mudarse,
   cambiarse de casa
Mr (*n*)   señor
Mrs (*n*)   señora
much (*adj*)   mucho
   (*adv, n, pron*)   mucho
   how — is it?   ¿cuánto es?
museum (*n*)   museo
mushroom (*n*)   champiñón (m)
music (*n*)   música
my (*adj*)   mi/mis
mystical (*adj*)   místico

N

name (*n*)   nombre (m)
   surname   apellido
   what's your —?   ¿cómo te llamas?
nationality (*n*)   nacionalidad (f)
nature (*n*)   naturaleza
near (*adv*)   cerca
   (*prep*)   cerca de
neck (*n*)   cuello
nervous (*adj*)   nervioso
new (*adj*)   nuevo
next (*adj*) *— week*   la semana
   próxima, la semana que viene
   (*prep*) *— to*   al lado de, junto a
nice (*adj*) *person*   simpático
   pleasant   agradable
night (*n*)   noche (f)
nine (*adj*)   nueve
ninth (*adj*)   noveno
noise (*n*)   ruido
noisy (*adj*)   ruidoso
north (*n*)   norte (m)
north-east (*n*)   noreste (m)
northern (*adj*)   del norte
north-west (*n*)   noroeste (m)
nose (*n*)   nariz (f)
nothing (*n*)   nada
November (*n*)   noviembre
now (*adv*)   ahora
nowadays (*adv*)   actualmente, hoy día
nuisance (*n*)   molestia
number (*n*)   número
nut (*n*)   nuez (f), fruto seco

O

October (*n*)   octubre
of course (*adv*)   desde luego, claro,
   naturalmente
office (*n*)   oficina, despacho
oil (*n*)   aceite (m)
ointment (*n*)   pomada
ok (*excl*)   está bien, vale
old (*adj*)   viejo
   person   mayor
   how – are you?   ¿cuántos años
   tienes?
olive (*n*)   oliva, aceituna
omelette (*n*)   tortilla
on (*prep*)   sobre, en
   what's — the television?   ¿Qué
   hay en la televisión?
   the light is —   la luz está
   encendida
   — the left   a la izquierda
   — holiday   de vacaciones
onion (*n*)   cebolla
open (*adj*)   abierto
   (*vt*)   abrir
operate (*vt*) *surgery*   operar
operation (*n*)   operación (f)
opposite (*prep*)   enfrente
optimistic (*adj*)   optimista
orange (*adj*)   naranja (m/f)
   (*n*)   naranja
organise (*vt*)   organizar
ought (*aux vb*) *you — to go*   debes ir
our (*adj*)   nuestro
ours (*pron*)   (el/la) nuestro/a
outward (*adj*) *journey*   de ida
overcoat (*n*)   abrigo
owe (*vt*)   deber
owner (*n*)   propietario, dueño

P

packet (*n*)   paquete (m)
pain (*n*)   dolor (m)
parachuting (*n*)   paracaidismo
Paraguay (*n*)   Paraguay
Paraguayan (*adj, n*)   paraguayo/a
park (*n*)   parque (m)
party (*n*)   fiesta
pasty (*n*)   empanadilla
pastime (*n*)   pasatiempo, afición (f)
patient (*adj, n*)   paciente (m/f)
peaceful (*adj*)   tranquilo
pear (*n*)   pera
pension (*n*)   pensión (f)
pensioner (*n*)   pensionista (m/f)
people (*n*)   gente (f)
pepper (*n*) *spice*   pimienta
   vegetable   pimiento
percentage (*n*)   porcentaje (m)
perhaps (*adv*)   quizás, tal vez
persevere (*vi*)   persistir
persistant (*adj*)   persistente

person (n)   persona
personality (n)   personalidad (f)
persuade (vt)   persuadir, convencer
Peru (n)   Perú (m)
Peruvian (adj, n)   peruano/a
petrol (n)   gasolina
    — station gasolinera
phone (n)   teléfono
    (vt)   llamar por teléfono
    telefonear
physics (n)   física
pie (n)   tarta, pastel (m), empanadilla
pincers (n)   pinzas, tenazas
pink (adj)   rosa (m/f)
pity (n)   lástima
    what a — ¡qué lástima!, ¡qué
    pena!
place (n)   lugar (m), sitio
plan (n) drawing   plano
plaster (n) sticking —   tirita,
    esparadrapo
plastic (n)   plástico
    (adj)   de plástico
play (vt) game   jugar
    musical instrument   tocar
pleasant (adj)   agradable
    person   simpático/a
please (vt)   gustar
    —! por favor
pleased (adj)   contento
    — to meet you   ¡encantado/a!,
    ¡mucho gusto!
poet (n)   poeta (m/f)
poetry (n)   poesía (f)
poisoning (n) food —   intoxicación (f)
police (n)   policía
    — officer   policía (m/f)
politician (n)   político/a
politics (n)   política
pollution (n)   contaminación (f)
population (n)   población (f)
pork (n)   lomo, carne (f) de cerdo
portion (n)   ración (f)
positive (adj)   positivo
    certain   seguro
post (n) letters   correo
    by —   por correo
postcard (n)   tarjeta postal
postage stamp (n)   sello
Post Office (n)   Correos, la oficina
    de Correos
potato (n)   patata
practical (adj)   práctico
practise (vt)   practicar
pregnant (adj)   embarazada
prepare (vt)   preparar
prescribe (vt)   recetar
prescription (n)   receta
pretty (adj)   bonito
printed (adj) fabric   estampado
private (adj) personal   particular

product (n)   producto
profession (n)   profesión (f)
professional (adj, n)   profesional (m/f)
programme (n)   programa (m)
proprietor (n)   propietario
protagonist (n)   protagonista (m/f)
province (n)   provincia
provoke (vt)   provocar
puree (n)   puré (m)

Q

quality (n)   calidad (f)
quantity (n)   cantidad (f)
quiet (adj)   tranquilo
quite (adv) rather   bastante
quiz (n)   concurso

R

rain (n)   lluvia
    (vi)   llover
read (vt)   leer
reader (n)   lector(a)
recipe (n)   receta
recognise (vt)   reconocer
recommend (vt)   recomendar
record (n) music   disco
    (vt)   grabar
rectangular (adj)   rectangular
red (adj)   rojo
region (n)   región (f)
relax (vi)   descansar
remain (vi) stay   quedar(se)
remember (vt)   recordar
responsible (adj)   responsable
return (vi)   volver, regresar
    (n) — ticket   (billete (m)) de ida y
    vuelta
rich (adj) wealth   rico
    food   pesado
ride (vt) horse, bicycle   montar
right (n) not left   derecha
right away   en seguida
right now   ahora mismo
river (n)   río
road (n)   carretera
    street   calle (f)
rob (vt)   robar
robbery (n)   robo
role (n)   papel (m)
room (n) house   habitación (f), cuarto
    bed —   dormitorio
round (adj)   redondo

S

sail (vi) boat   navegar
salad (n)   ensalada
sandwich (n)   bocadillo, sandwich (m)
sardine (n)   sardina
sauce (n)   salsa
scarce (adj)   escaso
scarcity (n)   escasez (f)

science (n)   ciencia
scissors (n)   tijeras
Scotland (n)   Escocia
Scot (n)   escocés/esa
Scottish (adj)   escocés/esa
sea (n)   mar (m/f)
season (n) of year   estación (f)
seat (n) bus, train etc.   asiento
    chair   silla
second (adj)   segundo
    (n) time   segundo
seductive (adj)   seductor(a)
see (vt)   ver
select (vt)   elegir
selfish (adj)   egoísta
sell (vt)   vender
sensitive (adj)   sensible
sensual (adj)   sensual
September (n)   septiembre
series (n)   serie (f)
service (n)   servicio
seven (adj)   siete
seventh (adj)   séptimo
shame (n) pity   lástima
she (pron)   ella
shirt (n)   camisa
shoe (n)   zapato
shop (n)   tienda
shopping (n) goods   compras
    to go —   ir de compras
shop window (n)   escaparate (m)
short (adj) person   bajo
shoulder (n)   hombro
shower (n) bath   ducha
    to take a —   ducharse
shy (adj)   tímido
sign (n) road   señal (f)
    notice   letrero
silk (n)   seda
silver (n)   plata
    (adj)   de plata
simple (adj) easy   sencillo
sincere (adj)   sincero
sing (vt, vi)   cantar
singer (n)   cantante (m/f)
single (adj) not married   soltero
sister (n)   hermana
sit (vi)   sentarse
sitting room (n)   sala de estar, cuarto
    de estar
situation (n)   situación (f)
six (adj)   seis
sixth (adj)   sexto
size (n) clothing   talla
    shoes   número
ski (vi)   esquiar
skiing (n)   esquí (m)
    to go —   ir a esquiar
skimmed (adj) milk   leche desnatada
skin diving (n)   buceo
skirt (n)   falda

sleep (*vi*)   dormir
sleepy (*adj*) *to feel* —   tener sueño
slim (*adj*)   delgado
slow (*adj*)   lento
small (*adj*)   pequeño
smoke (*vi*)   fumar
smoker (*n*) *person, train compartment*   fumador
snack (*n*) *bar* —   tapa
snow (*n*)   nieve (f)
    (*vi*)   nevar
sociable (*adj*)   sociable
some (*adj*) *a few*   alguno/a
    — *milk*   un poco de leche
something (*pron*)   algo
soon (*adj*)   pronto
sorry (*excl*)   ¡perdón!
    I'm —   ¡lo siento!
soup (*n*)   sopa
south (*n*)   sur (m)
south-east (*n*)   sudeste (m)
south-west (*n*)   sudoeste (m)
South America (*n*)   América del Sur
South American (*adj, n*)   sudamericano/a
Spain (*n*)   España
Spanish (*adj*)   español(a)
    (*n*) *language*   español (m), castellano
Spanish omelette (*n*)   tortilla española/de patata
spare (*adj*) — *time*   tiempo libre
speak (*vi*)   hablar
spend (*vt*) *money*   gastar
    time   pasar
sport (*n*)   deporte (m)
sports (*n*)   deportes
spring (*n*) *season*   primavera
square (*adj*)   cuadrado
squid (*n*)   calamar (m)
stadium (*n*)   estadio
stamp (*n*) *postage*   sello
start (*vt*)   empezar, comenzar
station (*n*) *railway, bus etc.*   estación (f)
stationer's (*n*)   papelería
status (*n*) *marital* —   estado civil
stay (*vi*)   quedar(se)
steal (*vt, vi*)   robar
sting (*vi*)   picar, escocer
stomach (*n*)   estómago
storm (*n*)   tormenta
story (*n*)   historia
straight on (*adv*) *directions*   todo recto
strange (*adj*)   raro, extraño
stranger (*n*)   desconocido, forastero
street (*n*)   calle (f)
stress (*n*) *mental*   estrés (m)
stripe (*n*)   raya
stroll (*n*)   paseo
    to go for a —   dar un paseo

strong (*adj*)   fuerte
stubborn (*adj*)   tozudo
student (*n*)   estudiante (m/f)
study (*vt*)   estudiar
stupid (*adj*)   estúpido, tonto
success (*n*)   éxito
successor (*n*)   sucesor(a)
suffer (*vi*)   sufrir
suggestion (*n*)   sugerencia
suit (*n*)   traje (m)
    it —*s you*   te va bien, te favorece
summer (*n*)   verano
sunbathe (*vi*)   tomar el sol
sunburn (*n*)   quemadura de sol
suntan lotion (*n*)   bronceador (m)
sunglasses (*n*)   gafas de sol
sunstroke (*n*)   insolación (f)
supermarket (*n*)   supermercado
supper (*n*)   cena
suppository (*n*)   supositorio
survey (*n*)   encuesta
sweater (*n*)   suéter (m), jersey (m)
Sweden (*n*)   Suecia
Swede (*n*)   sueco/a
Swedish (*adj, n*)   sueco
sweet (*adj*)   dulce
swim (*vi*)   nadar
swimming pool (*n*)   piscina
Swiss (*adj, n*)   suizo/a
Switzerland (*n*)   Suiza
symptom (*n*)   síntoma (m)
syrup (*n*)   jarabe (m)

T

table (*n*)   mesa
tablet (*n*)   pastilla
tall (*adj*)   alto
tape (*n*) *sticking*   esparadrapo
tart (*n*)   tarta
tea (*n*)   té (m)
telephone (*n*)   teléfono
temperature (*n*) *fever*   fiebre (f)
    to have a —   tener fiebre
tennis (*n*)   tenis (m)
tent (*n*)   tienda de camping
terrace (*n*)   terraza
thank (*vt*)   dar las gracias, agradecer
thanks! (*excl*)   ¡gracias!
their (*adj*)   su/sus
theirs (*pron*)   el suyo/la suya
then (*adv*) *at that time*   entonces
    later   después
there (*adv*)   allí
    — *is,* — *are*   hay
thermometer (*n*)   termómetro
they (*pron*)   ellos/ellas
thin (*adj*) *person*   delgado
third (*adj*)   tercero
thirst (*n*)   sed (f)
three (*adj*)   tres
thriller (*n*)   película de misterio, policiaca

throat (*n*)   garganta
ticket (*n*) *travel*   billete (m)
    theatre, cinema   entrada
tidy (*adj*) *room*   ordenado
tie (*vt*)   atar
    (*n*)   corbata
time (*n*) *general*   tiempo
    clock   hora
    what's the —?   ¿qué hora es?
timetable (*n*)   horario
    programme of events   itinerario
tin (*n*)   lata
tired (*adj*)   cansado
title (*n*)   título
to (*prep*)   a
tobacco (*n*)   tabaco
together (*adv*)   juntos
tolerant (*adj*)   tolerante
tomato (*n*)   tomate (m)
tonic (*n*)   tónica
too (*adv*) *excessively*   demasiado
    also   también
    — *much*   demasiado/a
    — *many*   demasiados/as
tooth (*n*)   diente (m)
    molar   muela
touch (*vt*)   tocar
tour (*n*)   gira, recorrido
tourist (*n*)   turista (m/f)
tourist office (*n*)   oficina de turismo
town (*n*)   ciudad (f)
traffic   tráfico
traffic lights (*n*)   semáforo
training (*n*) *professional*   formación (profesional) (f)
    sport   entrenamiento
transport (*n*)   transporte (m)
travel (*n*)   viaje (m)
    (*vi*)   viajar
trousers (*n*)   pantalón (m), pantalones (m, pl)
trout (*n*)   trucha
true (*adj*)   verdad
truth (*n*)   verdad (f)
trustworthy (*adj*)   fiable
tweezers (*n*)   pinzas
two (*adj*)   dos
type (*n*) *category*   tipo, clase
typical (*adj*)   típico

U

uncomfortable (*adj*)   incómodo
underneath (*adj, prep*)   debajo (de)
unforgettable (*adj*)   inolvidable
unknown (*adj*)   desconocido
untidy (*adj*)   desordenado
unusual (*adj*)   raro
Uruguay (*n*)   Uruguay (m)
Uruguayan (*adj, n*)   uruguayo/a
usually (*adv*)   normalmente

V

vegetable (*n*)　verdura
very (*adv*)　muy
　　— *well*　muy bien
village (*n*)　pueblo
vinegar (*n*)　vinagre (m)
violent (*adj*)　violento
virus (*n*)　virus (m)

W

wait (*vi*)　esperar
waiter (*n*)　camarero
waitress (*n*)　camarera
Wales (*n*)　País de Gales (m)
walk (*n*)　paseo
　　(*vi*)　andar
　　go for a —　dar un paseo
want (*vt*)　querer, desear
war (*n*)　guerra
　　Civil —　La Guerra Civil
watch (*vt*)　mirar, observar
　　— *television*　ver la televisión
　　(*n*)　reloj (m)
water (*n*)　agua
we (*pron*)　nosotros/as
wear (*vt*)　llevar
weather (*n*)　tiempo
wedding (*n*)　boda
weekend (*n*)　fin (m) de semana
weight (*n*)　peso

well (*adv*)　bien
　　I am —　estoy bien
Welsh (*adj*)　galés/esa
　　(*n*) *language*　galés
west (*n*)　oeste (m)
what (*excl*)　¡qué!
　　(*interr*)　¿qué?
　　—'*s it like?*　¿cómo es?
where (*interr*)　¿dónde?
which (*interr*)　¿qué?, ¿cuál?
white (*adj*)　blanco
who (*interr*)　¿quién?
why (*interr*)　¿por qué?
widow (*n*)　viuda
widower (*n*)　viudo
wife (*n*)　mujer, esposa
win (*vt*)　ganar
wind (*n*)　viento
window (*n*)　ventana
window shopping (*n*) *to go* —　mirar
　　escaparates　(*vi*)
wine (*n*)　vino
winter (*n*)　invierno
wish (*vi*)　desear
　　(*n*)　deseo
with (*prep*)　con
within (*prep*)　dentro
woman (*n*)　mujer
wonderful (*adj*)　maravilloso
wood (*n*) *timber*　madera

　　forest　bosque (m)
wool (*n*)　lana
work (*n*)　trabajo
　　(*vi*)　trabajar
workshop (*n*)　taller (m)
worried (*adj*)　preocupado
worry (*vi*)　preocuparse
worth (*adj*) *to be* —　valer
write (*vt*, *vi*)　escribir
writer (*n*)　escritor(a), autor(a)

Y

yacht (*n*)　yate (m)
year (*n*)　año
yellow (*adj*)　amarillo
yes (*adv*, *n*)　sí
yesterday (*adj*)　ayer
yoghurt (*n*)　yogur (m)
you (*pron*)　tú, vosotros
　　(*formal*)　usted, ustedes
young (*adj*)　joven
your (*adj*)　tu
　　(*pl*)　vuestro
　　(*formal*)　su
yours (*pron*)　tuyo
　　(*pl*)　vuestro
　　(*formal*)　suyo